	資力以外に関する事項
8	☐ 現役の従業員と既退職者の年金格差が大きい
9	☐ 支払う年金額が年々増加している（年金受給
10	☐ 合併に際して、社内規程を統一する必要がある

相当性

11	○ 退職金を30％減額する
	○ 退職金を50％減額する
	○ 退職金を70％減額する
12	☐ 定年延長を実施する
13	☐ 経過措置として現行制度を数年間（5年程度）維持した後に減額する
14	☐ 大規模な経費削減策を実施する
15	☐ 変更後の退職金の内容は同業他社と比較して同程度である
16	☐ 原資が確保できたら退職加算金を別途支給する
17	☐ 雇用の継続が困難な場合、従業員の不安解消に努めるため相談・対応窓口を設置する
18	☐ 雇用の継続が困難な場合、再就職活動中の賃金の全部または一部を支給する（いわゆる再就職支援金）
19	☐ 雇用の継続が困難な場合、職業能力向上のための教育の実施や、外部への再就職先あっせん依頼などの再就職支援策を策定する
20	☐ 破産すれば、退職金を一切支給できない状況である
21	☐ 退職年金の給付利率が市場金利を著しく超えている

適正手続

労働組合がある場合

22	☐ 退職金の変更について過半数労働組合の同意がある
23	☐ 退職金の変更について労働協約を締結している
24	☐ 労働組合が話し合いに応じない

労働組合がない場合

25	○ 全従業員から個別の同意を得ている
	○ 全体の75％以上の従業員から同意を得ている
	○ 過半数の従業員の同意を得ている
	○ 上記いずれにも該当しない

労働組合の有無を問わず

26	☐ 労働組合または従業員と度重なる交渉をしている
27	☐ 詳細な資料を示して、従業員に説明会で経緯を説明している
	☐ 従業員に説明会で経緯を説明している（上記以外）
28	☐ 従業員の意見を聞いている（アンケート等）
29	☐ 社会保険労務士、弁護士等、専門家の助力を得ている

◆ 労務・社会保険法研究会 編 ◆

退職金切り下げの理論と実務
——つまずかない労務管理——

信 山 社

はじめに

　起業が成功するかどうかは、まず、商品（技術・アイディア・サービス）の善し悪しと営業力にかかっています。しかし、企業がある程度成長してきますと、経理、税務、法務、労務という各管理部門の運営が重大な課題になってきて、これらの一つでもないがしろにすると、ときには企業の破綻につながりかねません。

　労務管理の業務については、社会保険労務士が日常的な相談に乗り、就業規則の作成指導等を行っていますが、ときに、労働紛争となり、そこで初めて弁護士が関与するという場合があります。

　しかし、本当は、これではいけないのです。企業に適切なリーガルサービスを提供していくためには、普段の労務管理においても、社会保険労務士が弁護士の助力を得て、紛争を予防するように配慮した規則や管理体制を作るようにし、それでも紛争になった場合には、弁護士がその企業の実情をよく知っている社会保険労務士の助力を得て、適切な法的解決に当たるという連携体制が不可欠です。

　私どもは、このような問題意識を持った弁護士と社会保険労務士の集まりとして、平成20年10月に、第二東京弁護士会内の法律研究会である労務・社会保険法研究会を設立しました。

　実際に共同研究を進めてきますと、両士業とも相手から学ぶことがたくさんあります。

　治にいて乱を忘れず、という言葉がありますが、日常業務の運営から生まれる要請と、裁判になった場合の勝ち負けを常に意識した発想とのコラボレーションは、今までになかったシステマティックな労務管理思想につながっていきます。

　本書は、当研究会の成果物第1号です。真に実践的なノウハウを提供することができたと自負しておりますので、どうか、あなたの会社の労務管理に役立ててください。

　平成21年9月8日

　　　　　　　第二東京弁護士会　労務・社会保険法研究会
　　　　　　　　　　　　代表幹事　弁護士　秋山清人

凡　例

本書では、文献及び法令等の略記につき、以下のとおり表記しています。

◆「裁判例」と「判例」を以下のように使い分けています。
　「判　例」＝最高裁判所の判断
　「裁判例」＝高裁以下の判断

◆裁判の引用
　事件名、裁判所、裁判の種類（判決か決定）、判決年月日、掲載誌と記します。
　例1：＜判決文の引用では＞
　　　月島サマリア病院事件・東京地裁平成13年7月17日判決・労判816号63頁
　例2：＜文中での事件紹介では＞
　　　月島サマリア病院事件（東京地裁平成13年7月17日判決・労判816号63頁）

◆引用文献
　判例や裁判例に関する情報を入手するための掲載誌については以下のように
　略しています。
　　判　時　　判例時報
　　労　判　　労働判例
　　判　タ　　判例タイムズ
　　労経速　　労働経済判例速報

◆法令名
　　労 契 法　　労働契約法
　　労 組 法　　労働組合法
　　労 基 法　　労働基準法
　　労災保険法　労働者災害補償保険法
　　賃 確 法　　賃金の支払の確保等に関する法律
　　パートタイム労働法　短時間労働者の雇用管理の改善等に関する法律
　　職 安 法　　職業安定法
　　安 衛 法　　労働安全衛生法
　　派 遣 法　　労働者派遣事業の適正な運営の確保及び派遣労働者の就業条件の
　　　　　　　　整備等に関する法律
　　高年齢者雇用安定法　高年齢者等の雇用の安定等に関する法律
　　法 税 令　　法人税法施行令

　　以上の他、慣例によって表現します。

◆ 退職金の「精算」
　　何らかの関係を終わりにして、お金のやりとりがある場合、通常は計算が必要になると考え、本書では「精算」を使っています。

◆ 退職金の「規程」
　　就業規則の一部（ひとまとまり）であって退職金に関わる部分を指す場合には「規程」を、定めることや一般的概念としての決まりを指す場合には「規定」を使用しています。ただし、裁判例からの引用文では、原文どおりの表現をそのまま用いています。

【目　　次】

はじめに

◆ 第1部　チェックシート ◆

退職金の不利益変更チェックシート…………………………………………… 2
チェックシートの使い方………………………………………………………… 4

◆ 第2部　Q&A ◆

◇ 第1章　総　論（Q1～Q15） ———————————— 12

〔退職金見直しの必要性〕
Q1 　最近、退職金制度の見直しが必要という話を聞きます。なぜ今退職金が大きな問題になっているのでしょうか。………………………………………… 12

〔見直しを支援してくれる組織、体制〕
Q2 　当社は、税制適格退職年金の廃止に伴い、会社の退職金制度の見直しを考えていますが、どのような制度にしていくことが当社にとってよいのか、またどこから手をつければよいのか、見当がつきません。誰に、どう相談すればいいのでしょうか。……………………………………………………………… 14

〔税制適格退職年金制度の廃止に伴う退職金制度廃止〕
Q3 　税制適格退職年金制度が廃止されることに伴って、当社は、退職金制度自体をなくしてしまいたいと思っています。そのようなことは可能でしょうか。………………………………………………………………………………… 16

〔退職金規程と退職金の減額・不支給〕
Q4 　退職（年）金規程を設けていれば、必ず定めたとおりに支払う必要があるのでしょうか。そもそも設けなくてもよい制度だということであれば、懲戒解雇の場合や退職後同業他社に就職する場合は、退職金を減額ないしは不支給とすることは可能なのではないでしょうか。会社の財政状況が悪いときは支給しない、などとはできないのですか。……………………………………… 17

〔退職金の分割払い・現物支給〕
Q5 　当社の就業規則には「退職後20日以内に退職金全額を支払う」との規定がありますが、これを分割払いにしたり、あるいは退職後1年以内に支払うように変更することはできませんか。また、退職金の一部を現物支給とすることはできないでしょうか。……………………………………………………… 19

〔退職金制度の新旧切替え時における運用〕
Q6 　当社はＸＸ年6月1日から新退職金制度に移行することを検討しています

vii

目次

が、この場合、ＸＸ年5月31日までに退職する労働者については旧退職金制度に基づいて全額支払わなければならないのでしょうか。また6月1日以降に退職する労働者については新退職金制度に基づいて計算した退職金のみ支払えばよいでしょうか。…………………………………………………………………………………22

〔倒産時の退職金の扱い〕
Q7 不況の影響で、退職金の減額をしなければ倒産するしかない状況です。仮に倒産した場合、従業員の退職金はまったく保証されないのでしょうか。…24

〔退職金に係る会計基準（概要）〕
Q8 退職給付会計とか、退職給付引当金などという言葉を聞きますが、よくわかりません。確定拠出型にすればよいというような話も聞きましたが、会計基準の変更とどう関係があるのでしょうか。………………………………………27

〔退職金制度の具体的変更方法①〕
Q9 退職金制度の変更にあたってはどのような変更方法があるのでしょうか。全労働者の同意を得る必要がありますか。……………………………………29

〔退職金制度の具体的変更方法②〕
Q10 退職金の変更方法に3つあることはわかりました。それぞれ、どのようなポイントに留意して手続を進める必要があるでしょうか。また、変更の効力について将来問題になるのはどのような場合でしょうか。………………31

〔退職金が規定された労働協約と就業規則の関係〕
Q11 当社には、労働組合と締結した労働協約と就業規則の両方に同じ退職金の規定があります。今回、退職金制度を見直すにあたり、労働協約と就業規則の両方を見直す必要があるでしょうか。また、労働組合が協約見直しに同意しない場合、就業規則の変更だけで退職金の見直しが可能ですか。…34

〔退職金制度の種類と運用リスク〕
Q12 退職金の制度といっても、どんな制度があるのか、それぞれどのような特徴があるのかよくわかりません。概要をわかりやすく説明してほしいのですが。また、退職金の運用リスクを負わなくてすむ制度があるとも聞きました。……………………………………………………………………………37

〔派遣社員に対する退職金〕
Q13 人材派遣会社を営んでおります。派遣先から有能な人材を引き抜かれてしまうため引き抜き対抗策として退職金制度を検討していますが、実際に導入している会社はあるのでしょうか。……………………………………40

〔定年後の再雇用制度と退職金〕
Q14 高年齢者雇用安定法に基づき、退職者を再雇用しましたが、会社は彼らに対しても退職金の支給義務はあるのでしょうか。…………………………42

〔パートタイマーの退職金〕
Q15 当社には正社員を対象とした就業規則と退職金規程があり、パートタイマーは適用対象から除外しているのですが、パートタイマーの就業規則はありません。長年勤めたパートタイマーが退職金を求めてきたのですが、支払う義務があるのでしょうか。………………………………………………44

目 次

◇第2章 不利益変更（Q16〜Q50）────────── 47

〔売上の激減〕
Q16 最近の不況で売上が激減しました。赤字こそ免れましたが、退職金の負担が非常に重い状況です。退職金減額は可能でしょうか。……………47

〔退職金に充てる資金の枯渇〕
Q17 退職金に充てる資金が枯渇しています。退職金減額は可能でしょうか。……………………………………………………………………………48

〔成果主義移行に伴う退職金の減額〕
Q18 成果主義移行に伴い従業員の一部への退職金支給額が減額してしまいます。考え方と対処法は？…………………………………………50

〔赤字経営に転落してしまった場合〕
Q19 当社は今期から赤字経営に陥ってしまいました。退職金の減額は可能でしょうか。……………………………………………………………51

〔業績不振とはいえない会社における退職金減額〕
Q20 会社の業績は悪くないのですが、退職金の減額が認められる余地はないのでしょうか。…………………………………………………………53

〔借入金返済資金確保のための減額〕
Q21 従業員に対しこれまでどおりに退職金を支払わなければならないとすると借入金の返済ができなくなりそうです。退職金減額は可能でしょうか。…55

〔大口取引先の倒産〕
Q22 大口取引先が倒産してしまいました。このような場合でも退職金を減額することは認められないのでしょうか。……………………………56

〔更生会社における退職金の減額〕
Q23 会社更生の申立てを検討していますが、会社更生手続に入った更生会社は、退職金の減額は可能でしょうか。……………………………………57

〔退職年金の不利益変更〕
Q24 退職年金の支給額が年々増加し、負担になっています。退職年金の改定(不利益変更)は可能でしょうか。…………………………………………59

〔合併に伴う退職金水準の変更〕
Q25 合併にあたり各社間の退職金水準を調整したいのですが、どのような点に注意すべきでしょうか。……………………………………………60

〔給与体系整理の一環としての退職金減額〕
Q26 従来の給与体系を整理するにあたり、退職金の減額を実施したいのですが、注意点を教えてください。………………………………………62

〔倒産回避目的による退職金の不利益変更〕
Q27 退職金を減額しないと倒産の危機に陥る状況です。退職金制度を減額できるでしょうか。……………………………………………………63

ix

目　次

〔退職金の減額・廃止の際の代替方策〕
Q28　退職金の減額・廃止を行う場合、その代替措置として検討すべき方策を教えてください。……………………………………………………………… 65

〔退職金水準の調整〕
Q29　同業他社と比べて退職金が高額です。他社と同等まで減額したいのですが、認められますか。公務員と同水準にまで削減する場合はどうでしょうか。
　　　……………………………………………………………………………… 67

〔退職金の減額割合〕
Q30　退職金は何パーセントまで減額することが可能でしょうか。………… 69

〔定年延長の導入〕
Q31　定年延長制度の導入を考えていますが、併せて退職金の減額をすることは認められますか。……………………………………………………………… 70

〔再就職支援策の評価〕
Q32　当社では、退職金の減額と並行してリストラも進めていきたいと考えています。転籍等で雇用を確保できない従業員に対しては再就職支援金を支給する予定ですが、退職金の減額にどのように影響するのでしょうか。また、支援金以外に有効な再就職支援策にはどのようなものがあるでしょうか。
　　　……………………………………………………………………………… 72

〔経費削減策と退職金減額〕
Q33　大規模な経費削減策を実施してきましたが、いよいよ退職金の減額に手をつけるしかなさそうです。経費削減策を進めてきたことは退職金の減額に際して有利に評価されるのでしょうか。………………………………… 74

〔一定期間の据置き（経過措置）〕
Q34　退職金をいきなり減額するのではなく、経過措置としてしばらく現行制度を維持し、退職金を据え置いた上で減額を実施しようと考えています。このような方法は有効でしょうか。………………………………………… 76

〔過去の減額改定に基づく退職金支給〕
Q35　当社では3年前に退職金規程を減額改定しました。しかし、実際は、改定前の退職金規程にしたがい、従前どおりの退職金額を支給してきました。この度、改定後の退職金規程にしたがって退職金を支給したいのですが、認められるでしょうか。………………………………………………… 77

〔退職金減額後に支払原資を確保した場合の措置〕
Q36　当面は退職金の支払原資の確保が困難なため退職金の減額を行いますが、支払原資ができれば改めて退職金支払いたいと考えています。どのようにすればよいでしょうか。……………………………………………………… 79

〔退職年金の給付利率引下げ〕
Q37　退職年金の給付利率を引き下げたいのですが、どのような点に注意するべきですか。……………………………………………………………… 80

〔年金方式から一時金方式への変更〕
Q38　年金を一時金として支給したいのですが、どのような点に注意すべきですか。……………………………………………………………………… 82

x

目 次

〔退職後の従業員に対する年金の減額〕
Q39 退職後の退職年金受給者の受給額を減額することはできますか。その方法はどうしたらよいでしょうか。……………………………………84

〔不利益変更と従業員（労働組合）との交渉〕
Q40 当社では、従業員の退職金の減額を検討しています。この場合、従業員との間で交渉をすることが重要だと聞いたのですが、どのようにしたらいいのかわかりません。不利益変更をする場合に、従業員との協議をどのようにしたらいいか教えて下さい。……………………………………86

〔個別契約、就業規則、労働協約の関係〕
Q41 今回、不利益変更をするに際して、個別契約、就業規則、労働協約という用語をききます。しかし、この用語の示す内容と、各々の法律関係がわかりにくいです。どのようになっているのでしょうか？ ……………………88

〔複数の労働組合がある場合〕
Q42 社内に複数の労働組合がある場合、どのように交渉すればよいでしょうか。 ……………………………………………………………………90

〔労働組合が協議に応じない〕
Q43 労働組合が協議に応じない場合、どうしたらよいでしょうか。…………91

〔反対している非組合員への対応〕
Q44 労働組合とは合意ができたのですが、反対している非組合員がいます。どのように手続を進める必要がありますか。…………………………93

〔労働協約による一部の組合員の退職金改定〕
Q45 労働協約の締結によって、一定の年齢層や一定の職種限定の組合員が対象となる退職金の改定を行うことはできるでしょうか。……………………95

〔労働組合との合意の方法〕
Q46 労働組合との合意の方法にはどのようなものがありますか。覚書程度でよいのでしょうか、労働協約を結んだ方がよいでしょうか。…………………96

〔合同労働組合（個人加入労働組合）との交渉〕
Q47 当社には、合同労働組合（個人加入労働組合）に加入している者がいます。この場合、合同労働組合（個人加入労働組合）とも交渉をしなければ、不利益変更はできないのでしょうか。……………………………………97

〔不利益変更における従業員の個別同意の意味〕
Q48 当社は、退職金の減額を考えています。当社には労働組合がなく、労働組合との交渉や合意はできません。この場合、従業員の個別の同意を得て退職金の減額をすることは可能でしょうか。……………………………99

〔労働組合がない場合における従業員の代表者との協議〕
Q49 当社には従業員は多数いますが、労働組合はありません。この場合、不利益変更をするにあたって、従業員の代表者と協議をすることは有効でしょうか。どういう人物を代表者とすべきでしょうか。……………………100

〔退職金の減額における職場説明会の有効性〕
Q50 退職金の減額にあたり職場説明会を開催することは有効でしょうか。注意点はありますか。…………………………………………………………102

目 次

◇第3章　退職金制度（Q51〜Q70） ―――― 105

〔内部留保型と外部拠出型の違い〕
Q51 内部留保型（自己完結型）と外部拠出型の退職金制度の違いは何でしょうか。……………………………………………………………………………… *105*

〔中小企業退職金共済（中退共）制度〕
Q52 中小企業退職金共済制度の概要と留意点（メリット、デメリット）について教えてください。…………………………………………………………… *106*

〔特定退職金共済（特退共）制度〕
Q53 特定退職金共済制度の概要と留意点（メリット、デメリット）について教えてください。…………………………………………………………… *110*

〔企業型確定拠出年金（401k）〕
Q54 確定拠出年金（企業型）について概要と留意点（メリット、デメリット）について教えてください。……………………………………………………… *113*

〔規約型確定給付企業年金〕
Q55 規約型確定給付企業年金について概要と留意点（メリット、デメリット）について教えてください。……………………………………………………… *116*

〔キャッシュバランスプラン〕
Q56 キャッシュバランスプランについて概要と留意点（メリット、デメリット）について教えてください。……………………………………………………… *118*

〔退職金前払い制度〕
Q57 退職金前払い制度を導入する際の留意点（メリット、デメリット）について教えて下さい。また、選択制により前払い制度を導入することはできるでしょうか。………………………………………………………………………… *119*

〔厚生年金基金〕
Q58 厚生年金基金制度の概要と留意点（メリット、デメリット）について教えてください。…………………………………………………………………… *121*

〔民間保険商品の退職金への活用〕
Q59 民間保険を活用する際の留意点（メリット、デメリット）について教えてください。………………………………………………………………………… *123*

〔適格退職年金〕
Q60 適格退職年金制度の特徴について教えてください。…………………… *124*

〔適格退職年金制度の解約と退職金制度の関係〕
Q61 適格退職年金制度を解約し、積立金を分配し、退職金制度自体を廃止してしまいたいのですが可能でしょうか。また、その場合の注意点はあるでしょうか。………………………………………………………………………… *126*

〔適格退職年金の資産移管について〕
Q62 適格退職年金の資産の移管ができる退職金制度について教えてください。また、移行時の積立不足解消の要否や事務経費負担等についても教えてください。…………………………………………………………………………… *127*

xii

目 次

〔厚生年金基金からの脱退〕
Q63 厚生年金基金を脱退する際、または解散する際の留意点と経費負担について教えてください。……………………………………………………………… *128*

〔人事評価と退職金制度〕
Q64 人事評価を退職金制度にうまく反映させたいのですが、どうしたらよいでしょうか。
また、会社への貢献度や懲戒などについても大きく反映させていきたいのですが、どの制度が適しているのでしょうか？……………………………… *129*

〔退職給付会計の対象となる退職金制度〕
Q65 退職給付会計の対象になる制度はどれでしょうか。
また、各制度の税制面における特徴について教えてください。………… *130*

〔退職金制度の給付水準引下げと退職金制度の関係〕
Q66 各退職金制度において給付水準を引き下げるためにはどのようにしたらよいでしょうか？ ……………………………………………………………… *131*

〔中小企業に適した退職金制度〕
Q67 中小企業に適した退職金制度は何でしょうか。……………………… *133*

〔急成長する企業の退職金制度〕
Q68 今後、急激に成長が見込まれる会社における制度選択上の留意点は何でしょうか。…………………………………………………………………………… *135*

〔複数の退職金制度を導入する場合の留意点〕
Q69 複数の退職金制度を組み合わせて導入する際の留意点と具体例を教えてください。……………………………………………………………………… *137*

〔退職金制度のメリット・デメリット一覧〕
Q70 各制度のメリット、デメリットについて事業主の視点及び従業員の視点でまとめてください。……………………………………………………… *139*

◇ **第4章　実　務**（Q71〜Q80） ───────────── *143*

〔合併による退職金規程の統一〕
Q71 当社(A社)は設立6年の会社で、社員数は約300名です。退職金規程は退職時の基本給に勤続年数に応じた掛率を掛けて算出するシンプルな制度です。社員は20代が大半で定年退職者は出ておりません。モデルとしては40年勤務して定年退職した場合でも500万円程度の退職金となります。
今回、当社が同業のB社（社員30名）を吸収合併することになったのですが、B社の退職金規程はポイント制の退職金制度となっており、モデル退職金(40年勤続)で定年時2,000万円となっております。
当社としては、B社の社員については従来の退職金規程の水準を維持した形として、当社の退職金規程を部分的に改定することで対応したいと考えていますが、このようなことは可能でしょうか。ただ、他方では、B社の退職金水準は高すぎるという思いもありますし、当社の従業員が不公平感を持つことも考えられますので、可能であればB社の社員にも当社の退職金規程を適用することにしたいとも考えています。その場合の問題点や手法につ

xiii

目次

いても教えて下さい。……………………………………………………143

〔適格退職年金制度の廃止と確定拠出年金制度への移行〕

Q72 当社は、適格退職年金制度を導入しておりますが、税制適格退職年金の廃止に伴い、制度の移行および資産の移管を検討しております。
確定拠出年金制度に移行した場合には、運用利率が予定利率より低下した場合でも会社が掛金を追加拠出する必要がないという話を聞きましたが、企業型確定拠出年金制度に移行し、これまで積み立ててきた金額と同じ額を掛金として支払えば、労働条件の不利益変更にはならないのでしょうか。
もし、このような方法に問題があるのであれば、退職金規程で定める支給基準（支給金額）は変えずに移行することも考えたいと思いますが、その場合には問題はないでしょうか。また、従業員との間で必要な手続はありますか。
……………………………………………………………………………145

〔退職金規程に規定のない上積み退職年金の廃止〕

Q73 これまで、業績が好調であったため、ここ数年来の退職者には、退職年金規程による退職金額に上乗せして退職年金を支給しておりました。しかしながら、昨年からの業績不振により、今後定年をむかえる従業員に対しては、退職年金規程による退職年金の支払いだけでも精一杯で、とても上乗せして退職年金を支給できる状況にはありません。今後、定年退職をする従業員に対して上乗せ分を支払わず、規定の退職年金のみを支払うことは不利益な取扱いとしてできないのでしょうか。また、既に退職した従業員に対しても上乗せ部分について減額したいのですが、そのようなことはできるのでしょうか。………………………………………………………………147

〔賃金規程変更に対応した退職金規程の見直し〕

Q74 当社は、従来、就業規則において、基本給、職務給及び諸手当の三本立ての賃金体系を採用しておりましたが、3年前から、基本給と職務給とを合わせた基本給と諸手当の二本立てとする賃金体系に改めました。他方、退職金規程では、基本給に勤続年数に応じた乗数を乗じた金額を退職金として支払う旨定めておりましたが、担当者の過誤により、上記賃金体系の変更に伴う改定をせずにいたため、職務給までが基本給の一部として退職金計算の基礎となる事態が生じました（そのため、新賃金体系下では、旧賃金体系下に比して、計算上退職金額は増加することになります）。
賃金体系変更後、数名の退職者が出ており、当社としてはやむなく、新賃金体系下での基本給を基礎として退職金額を支給してきましたが、今後、退職者が増加することが予想されるため、この際、退職金規程を改定し賃金体系の変更に即応した新規定にしようと考えております。このような変更は可能でしょうか。………………………………………………………150

〔グループ会社間における退職金支給水準の調整〕

Q75 当社は、ある会社の発行済株式総数の過半数を取得してこれを子会社としました。この子会社は、ここ10年程、ぎりぎり黒字を確保するのがやっとという経営状態で、当社及び他の子会社の従業員と積極的な人員交流を行い、停滞した職場の雰囲気を打破する必要があると思われました。しかし、この子会社は、当社及び他の子会社と比較し、給与とくに退職金支給水準が相当に高く、これを低減して均衡を図らなければ、人事交流を推し進めることは問題がありました。

xiv

そこで、思い切って、当社及び他の子会社と同一水準まで退職金支給額を引き下げる旨の就業規則の変更をすることとし、過半数を組織する労働組合と交渉のうえ、その賛同を得ましたが、一部の従業員は就業規則の変更に反対をしております。就業規則の変更の効力は、これらの者にも及ぶでしょうか。……………………………………………………………………152

〔中小企業退職金共済制度によって労働者に支払われた退職金の一部返還を求めることは可能か〕

Q76 当社は、中小企業退職金共済法に基づき、退職金共済契約を締結していますが、業績が悪化しており、毎月の掛金の支払負担を軽減したいと考えています。現在、就業規則には、退職金について定めた規定はありません。そこで、退職金に関する規定を就業規則に設け、自己都合退職の場合、中小企業退職金共済制度によって支払われる退職金額が、就業規則により算出した退職金の金額を上回るときは、従業員はその超過する部分を会社に返還する旨を定め、その返還金を毎月の掛金の支払いに充てたいと考えています。何か問題が生じる可能性はあるのでしょうか。………………155

〔厚生年金基金の年金給付の減額に受給者が同意しない場合、受給者の年金減額は可能か〕

Q77 当社厚生年金基金は、厚生年金保険法上の厚生年金ですが、当社の業績悪化を契機として財政状況が悪化しています。そこで、同基金から年金給付を受給している者の給付額を減額する措置を講じたいと考えています。年金給付の受給者の中には、給付額の減額に反対する者も多数いるのではないかと予想されますが、問題は生じないでしょうか。また、減額に反対する者に対し、どのように対処すべきでしょうか。………………………157

〔労使慣行の成立及び成果主義的退職金制度の導入〕

Q78 当社には、退職時の基本給に勤続年数に応じた掛率を乗じた退職金が支給されるという退職金規程がありますが、実際には今までそれにしたがって退職金を支給したことはなく、各従業員に会社が掛けている生命保険の解約返戻金をそのまま退職金として支払っていました。それでも退職金規程に定める額とあまり変わらなかったので文句は出ませんでしたが、近年、解約返戻金の額が少なくなり退職金規程の額と乖離するようになってきてしまいました。しかし、これまで従業員からのクレームはありませんでしたので、今後も、解約返戻金の額が退職金であると主張することができないでしょうか。もし、それができないのであれば、退職金規程に定める額を平均30％程度減額すれば今後も何とか全員に支払えるという状況ですので、退職金規程を変更し、退職金規程の支給率を切り下げたいと思っています。ただ、従業員の能力にも差がありますし、全員に対して一律に30％減額するのもどうかと思っているところがありますので、退職金規程を変更するのであれば、営業成績や管理職としての在籍年数に応じて退職金支給率の切り下げ率を変えたいと思いますが、このようなことは可能でしょうか。……………………………………………………………………………159

〔退職金制度の廃止と労働組合との交渉〕

Q79 当社は３期連続赤字の状況にありますが、徹底したコスト削減等の企業努力により赤字幅はようやく減少してきており、来期は若干の黒字を達成できそうな見込みです。しかし、その翌年以降にも毎年退職者が継続して出

目 次

てくることが予定されており、退職金支給額の20％程度をカットしない限り、また毎年赤字決算に転落してしまいます。これ以上の企業努力によりコストを削減することは非常に困難ですし、今後当社が若干でも利益を出しつつ存続していくために、この際、退職金規程を廃止してしまいたいと考えています。もちろん、在籍中の従業員には何らかの手当が必要とは思いますが、どのような手当をすれば退職金規程を廃止できますか。ところで、当社には労働組合が２つ存在し、多数組合は、真摯に説明すれば制度の変更に合意してくれると思いますが、少数組合については合意してくれるかわからない状況です。……………………………………………………………163

〔適格退職年金制度の廃止と確定拠出年金への移行〕
Q80 当社では、適格退職年金制度による退職年金規程を設けて、退職者に対して当該規程にしたがって毎月年金を支払っていますが、適格退職年金を廃止して確定拠出年金に移行することを検討しております。退職年金規程には、経済情勢の変動等により当該規程を改廃することがある旨規定されていますが、この規定に従い、退職年金規程を変更して、すでに退職した社員に対して退職年金の一括支給をすることは可能でしょうか。…………167

◆ 第３部　判例解説 ◆

①大曲農協事件………………………………………………………………173
　〔農業協同組合の合併に伴う退職金規程の不利益変更が有効とされた事例〕

②日魯造船事件………………………………………………………………176
　〔更生計画遂行中の造船会社が、従業員の退職金に関する就業規則の規定を変更して、退職金を減額（最高で15.6％の引下げ）し、15年間の分割払とすることとした就業規則の変更が有効とされた事例〕

③空港環境整備協会事件……………………………………………………179
　〔給与制度改正の一環として退職金規程の支給率等を変更したことが有効とされた事例〕

④名古屋学院事件……………………………………………………………182
　〔学校法人において、独自の年金制度を廃止する（100％引き下げる）内容の就業規則等の変更が有効とされた事例〕

⑤アスカ事件…………………………………………………………………186
　〔出向先との労働条件のバランスをとる必要があることを主たる理由として従業員の退職金を従来の約３分の２ないし約２分の１に減少させる退職金規程の改定が無効とされた事例〕

⑥月島サマリア病院事件……………………………………………………189
　〔倒産の危機に至らない個人病院において、退職金を47％引き下げる内容の就業規則変更が、代償措置や従業員の明示的な受容がない状況では合理性がないとされた事例〕

⑦ ドラール事件 ……………………………………………………………… *192*
　〔退職金支給の有無及び支給額を取締役会で個別に決定できるという規定を就業規則に設けたことが、許されない不利益変更であるとして無効とされた事例〕

⑧ 更生会社新潟鐵工所（退職金第1）事件 ……………………………… *194*
　〔更生会社において、支給率を80％引き下げる内容の退職金規程の変更が有効とされた事例〕

⑨ 中谷倉庫事件 ……………………………………………………………… *198*
　〔年間売上げの3分の2を占めていた取引先が倒産したことから、連鎖倒産を回避するために退職金支給額を半額とする旨の退職金規程改定が有効とされた事例〕

⑩ 中部カラー事件 …………………………………………………………… *201*
　〔適格退職年金制度を廃止し、新たに、中小企業退職金共済制度に移行させ、併せて、企業内積立として養老保険を採用する旨の就業規則の変更が、従業員に対し実質的に周知されたとは認められないとして、無効であると判断された事例〕

退職金切り下げの理論と実務

第1部 チェックシート

第1部　チェックシート

◆退職金の不利益変更チェックシート◆

※総合的な判断はウェブページ http://roumucollabo.com/ にて判定できます。
　詳細は、チェックシートの使い方をご覧ください。

必要性	資力に関する事項
1	○ 再生会社、更生会社等である、または申立てを検討中である ○ 4期以上連続赤字である ○ 3期連続赤字である ○ 2期連続赤字である ○ 前1期赤字である ○ 黒字である
2	○ 借入金の返済が不能である ○ 借入金の返済がかなり困難である（ex. リスケを断られた） ○ 借入金の返済が困難である（ex. リスケの必要あり） ○ 借入金の返済はあまり困難ではない
3	○ 売上高の70％の大口取引先が倒産してしまった ○ 売上高の30％の大口取引先が倒産してしまった ○ 売上高の10％の大口取引先が倒産してしまった ○ 大口取引先の倒産は特にない
4	○ 退職金、年金の積立金が枯渇している ○ 退職金、年金の積立金がかなり不足している 　（ex.10年以内に従業員の2/3が退職見込み） ○ 退職金、年金の積立金が不足している 　（ex.10年以内に従業員の1/3が退職見込み） ○ 退職金、年金の積立金は特に不足していない
5	○ 税金、社会保険料等を1年以上滞納しているか、または給与を2回以上遅配している ○ 税金、社会保険料等を6ヶ月以上滞納しているか、または給与を1回遅配している ○ 上記どちらにも該当しない
6	□ 再生会社、更生会社等であって、スポンサーの提示する資金協力の金額が低廉である
7	□ 退職金減額をしない場合、倒産の危機である

チェックシート

		資力以外に関する事項
	8	☐ 現役の従業員と既退職者の年金格差が大きい
	9	☐ 支払う年金額が年々増加している（年金受給者が多い）
	10	☐ 合併に際して、社内規程を統一する必要がある

相当性		
	11	○ 退職金を30％減額する
		○ 退職金を50％減額する
		○ 退職金を70％減額する
	12	☐ 定年延長を実施する
	13	☐ 経過措置として現行制度を数年間（5年程度）維持した後に減額する
	14	☐ 大規模な経費削減策を実施する
	15	☐ 変更後の退職金の内容は同業他社と比較して同程度である
	16	☐ 原資が確保できたら退職加算金を別途支給する
	17	☐ 雇用の継続が困難な場合、従業員の不安解消に努めるため相談・対応窓口を設置する
	18	☐ 雇用の継続が困難な場合、再就職活動中の賃金の全部または一部を支給する（いわゆる再就職支援金）
	19	☐ 雇用の継続が困難な場合、職業能力向上のための教育の実施や、外部への再就職先あっせん依頼などの再就職支援策を策定する
	20	☐ 破産すれば、退職金を一切支給できない状況である
	21	☐ 退職年金の給付利率が市場金利を著しく超えている

適正手続		労働組合がある場合
	22	☐ 退職金の変更について過半数労働組合の同意がある
	23	☐ 退職金の変更について労働協約を締結している
	24	☐ 労働組合が話し合いに応じない
		労働組合がない場合
	25	○ 全従業員から個別の同意を得ている
		○ 全体の75％以上の従業員から同意を得ている
		○ 過半数の従業員の同意を得ている
		○ 上記いずれにも該当しない
		労働組合の有無を問わず
	26	☐ 労働組合または従業員と度重なる交渉をしている
	27	☐ 詳細な資料を示して、従業員に説明会で経緯を説明している
		☐ 従業員に説明会で経緯を説明している（上記以外）
	28	☐ 従業員の意見を聞いている（アンケート等）
	29	☐ 社会保険労務士、弁護士等、専門家の助力を得ている

第1部　チェックシート

──────◆　チェックシートの使い方　◆──────

● チェックシートの準備
　　1．専用ウェブページ（http://roumucollabo.com/）にアクセス
　　2．画面の指示に従い「ID：roumu」、「Password：collabo」を入れる
　　と、チェックシートを使用できるようになります。

● チェックシートのボタンの説明
　　チェックシートには、ラジオボタンとチェックボックスの2種類のボタンがあります。
　　①ラジオボタン（「○」〔丸いボタン〕）は、その選択肢のかたまりの中から、「どれか1つ」を選ぶためのボタンです。
　　②チェックボックス（「□」〔四角いボタン〕）は、当てはまるもの全てを選ぶためのものです。

● チェックシートの使い方
　　1．各項目の質問に、ラジオボタン、又はチェックボックスをクリックし回答していきます。
　　2．全ての項目について回答が終わったら、「結果を見る」をクリックして下さい。
　　3．画面左下に結果が表示されます。
　　※この結果は、"確実"にこのとおりとなることを保証するわけではありません。あくまで退職金の不利益変更について検討する参考としてお使いください。

● チェックシートの位置づけ
　　このチェックシートは、第二東京弁護士会の研究会である労務・社会保険法研究会所属の弁護士及び社会保険労務士の共同作業により、作成されています。
　　退職金の不利益変更について、裁判になると「総合的に裁判官が判断」して、判決が下ります。しかし、総合的な判断というのは、裁判官が頭の中でいくつかの項目について重みをつけて、最終的に判断をしているわけです。そこで、裁判例を参考にどのような項目が検討されているかを抽出し、それを基にチェックシートを作成しました。そして、裁判例から抽出した項目のそれぞれについて重みづけ（点数づけ）を行っています。この重みづけについては、研究会の弁護士が過去の裁判例をチェックシートで検証し、その妥当性を検討しました。

● チェックシートの説明
　　チェックシートは大きく分けて3つの項目（①必要性、②相当性、③適正手続）からできています。このどれもが必要な項目であると我々は考えています。
　　チェック項目の中には、「〜している」と状態を問う表現を使っているものがあります。今後退職金の不利益変更を検討している企業では、今後の実行見込

チェックシートの使い方

みとしてチェックしてください。ただし裁判では実行したかどうかを問われます。変更を進める段階で実行できなくなったことが出てくれば、その都度チェックシートを利用していただくとよいと思います。

チェックシートは29の項目（必要性10項目、相当性11項目、適正手続 8 項目）があります。それぞれの簡単な説明は下記のとおりです。

必要性

◆ 必要性は、主に会社の状態を確認するためのチェック項目です。

<資力に関する事項>

1　再生会社、更生会社等である、または申立てを検討中である
　　4 期以上連続赤字である
　　3 期連続赤字である
　　2 期連続赤字である
　　前 1 期赤字である
　　黒字である
　● 決算の結果がどのような状態にあるかを選択してください。

2　借入金の返済が不能である
　　借入金の返済がかなり困難である　(ex.リスケを断られた)
　　借入金の返済が困難である　(ex.リスケの必要あり)
　　借入金の返済はあまり困難ではない
　● 借入金返済の難しさの程度を選択してください。

3　売上高の70％の大口取引先が倒産してしまった
　　売上高の30％の大口取引先が倒産してしまった
　　売上高の10％の大口取引先が倒産してしまった
　　大口取引先の倒産は特にない
　● 大口取引先の倒産があった場合、その売上高の割合を選択してください。

4　退職金、年金の積立金が枯渇している
　　退職金、年金の積立金がかなり不足している　(ex.10年以内に従業員の2/3が退職見込み)

第1部　チェックシート

　　　退職金、年金の積立金が不足している（ex.10年以内に従業員の1/3が退職見込み）
　　　退職金、年金の積立金は特に不足していない
　　● 退職金、年金の積立金の状況を選択してください。

5　税金、社会保険料等を1年以上滞納しているか、または給与を2回以上遅配している
　　　税金、社会保険料等を6ヶ月以上滞納しているか、または給与を1回遅配している
　　　上記どちらにも該当しない
　　● 会社の支払能力の状況としてあてはまるものを選択してください。

6　再生会社、更生会社等であって、スポンサーの提示する資金協力の金額が低廉である
　　● 会社の今後の運営状況としてあてはまる場合は選択してください。

7　退職金減額をしない場合、倒産の危機である
　　● 変更の緊急性について、あてはまる場合は選択してください。

<資力以外に関する事項>

8　現役の従業員と既退職者の年金格差が大きい
　　● 格差が大きい場合は是正に有利です。あてはまる場合は選択してください。

9　支払う年金額が年々増加している（年金受給者が多い）
　　● 今後の企業の経済的負担の見込み状況としてあてはまる場合は選択してください。

10　合併に際して、社内規程を統一する必要がある
　　● 社内ルール統一の必要性がある場合は選択してください。

　相　当　性

◆　相当性は、主に減額後の退職金制度が社会通念上相当なものか、退職金を減額した際の代替措置等を手当てしたかという点に関するチェック項目です。

11　退職金を30％減額する
　　　退職金を50％減額する

退職金を70％減額する
- 退職金の減額の大きさについて最も近いものを選択してください。

12 定年延長を実施する
- 退職金減額に際しての代替措置について、あてはまる場合は選択してください。

13 経過措置として現行制度を数年間（5年程度）維持した後に減額する
- 退職金減額に際しての経過措置について、あてはまる場合は選択してください。

14 大規模な経費削減策を実施する
- 退職金以外の費用の削減努力について、あてはまる場合は選択してください。

15 変更後の退職金の内容は同業他社と比較して同程度である
- 退職金の金額を同業他社と比較して、あてはまる場合は選択してください。

16 原資が確保できたら退職加算金を別途支給する
- 将来業績がよくなったときの退職金支払いを約束する場合は選択してください。

17 雇用の継続が困難な場合、従業員の不安解消に努めるため相談・対応窓口を設置する
- 退職金減額に際しての代替措置について、あてはまる場合は選択してください。

18 雇用の継続が困難な場合、再就職活動中の賃金の全部または一部を支給する（いわゆる再就職支援金）
- 退職金減額に際しての代替措置について、あてはまる場合は選択してください。

19 雇用の継続が困難な場合、職業能力向上のための教育の実施や、外部への再就職先あっせん依頼などの再就職支援策を策定する
- 退職金減額に際しての代替措置について、あてはまる場合は選択してください。

20 　破産すれば、退職金を一切支給できない状況である
  ● 退職金を減額できなければ倒産の危機にあり、倒産すれば退職金を支給できなくなる場合は選択してください。

21 　退職年金の給付利率が市場金利を著しく超えている
  ● 退職年金に付与される利息の利率（給付利率）が市場金利よりかなり上の水準であれば、選択してください。

適正手続

◆ 適正手続は、主に従業員への説明や、手続をきちんとしたかというチェック項目です。

＜労働組合がある場合＞

22 　退職金の変更について過半数労働組合の同意がある
  ● 過半数労働組合がある場合、その同意があれば選択してください。

23 　退職金の変更について労働協約を締結している
  ● 労働組合との労働協約を締結していれば選択してください。

24 　労働組合が話し合いに応じない
  ● 会社側が話し合いをしようとしたにもかかわらず、実現しない場合は選択してください。

＜労働組合がない場合＞

25 　全従業員から個別同意を得ている
  　　全体の75％以上の従業員から同意を得ている
  　　過半数の従業員の同意を得ている
  　　上記いずれにも該当しない
  ● どのくらいの割合の個別同意がとれているかについて、あてはまるものを選択してください。

＜労働組合の有無を問わず＞

26 　労働組合または従業員と度重なる交渉をしている
  ● 会社が誠意をもって話し合いをしている場合は選択してください。

27 詳細な資料を示して、従業員に説明会で経緯を説明している
　　従業員に説明会で経緯を説明している（上記以外）
　　● 会社が従業員にわかりやすく経緯を説明しているか、説明の機会を作ったかについて、あてはまるものがあれば選択してください。

28 従業員の意見を聞いている（アンケート等）
　　● 従業員の意見をきちんと聞いている場合は選択してください。

29 社会保険労務士、弁護士等、専門家の助力を得ている
　　● 専門家の意見を聞き、妥当性の高い判断をしようとしている場合は選択してください。

第2部 Q&A

● 第1章 ●
総　論（Q1～Q15）

● 第2章 ●
不利益変更（Q16～Q50）

● 第3章 ●
退職金制度（Q51～Q70）

● 第4章 ●
実　務（Q71～Q80）

第2部　Q&A

第1章　総論

◉ 退職金見直しの必要性

最近、退職金制度の見直しが必要という話を聞きます。なぜ今退職金が大きな問題になっているのでしょうか。

多くの会社が採用している税制適格退職年金制度の平成24年度までの廃止に連動して、退職（年）金規程を変更しなければならない会社が続出するからです。

1　公的年金制度の概要

　年金制度は、全国民に共通した「国民年金（基礎年金）」を基礎に、「被用者年金」「企業年金」の3階建ての体系となっています。
　1階部分は、全国民に共通した「国民年金」（基礎年金）で、すべての国民が加入します。すべての国民年金制度加入者に共通に給付される年金を「基礎年金」といいます。2階部分は、国民年金の上乗せとして報酬比例の年金を支給する「被用者年金」（厚生年金、共済年金）です。3階部分は、いわゆる「企業年金」（厚生年金基金、税制適格退職年金、確定拠出年金、確定給付企業年金、職域年金）です。この3階部分は大部分が企業の任意のため、対象とならない人もいます。
　自営業者や農業者は国民年金のみに加入しますが、民間の被用者は厚生年金に、公務員等は共済年金に加入することで、国民年金にも加入していることになります。民間の被用者は、厚生年金基金や税制適格退職年金などの企業年金に加入している人も多くみられます。

2　企業年金制度

　多くの会社は、退職金（の一部）を一時金としてではなく、年金として本人または遺族に支払っていく制度を導入しています（企業年金制度。1で述べた3階部分）。この制度は、会社にとって、①退職金の支払い負担の平準化、②原資の保全を図りうる、③税制上の優遇措置が適用される、というメリットがあ

ります。また退職金には、退職者の生活扶助機能があるといわれており（Q3、4参照）、企業年金制度は、退職者側のニーズにも対応した面もあります。

　企業年金制度は、高度成長期、バブル期に絶大な威力を発揮しました。その需要に対応して、国は、税制適格退職年金、厚生年金基金等を制度化しました（各制度の詳細は、Q51以下参照）。多くの会社は、税制上の優遇措置（掛金の全額損金算入、年金資金の運用収益の非課税取扱い）や、自社の退職金制度に合わせた柔軟な制度設計が可能であることから、税制適格退職年金制度（後述4）を自社の退職金制度の中に組み入れました。

3　少子・高齢化に伴う企業年金制度の意味

　退職者の生活保障は、本来公的年金制度がその受け皿とならなければなりません。しかし、世代間扶養を前提とする公的年金制度は、一定の生活保障（保険金の支給）を受ける引退世代が高齢化によって人数が増大しているのに対し、この保障の原資（保険料）を支払う現役世代が少子化によって減少しているため、当初予定の年金を給付できない状況になっています。少子・高齢化は今後も進行し、これに伴って公的年金の財政はますます悪化していき、当初想定していた生活保障の仕組みとしては多くの期待ができません。そこで、前述したように、企業年金制度が退職者の生活保障機能も持つことから、公的年金制度を補完する機能を担うものとして、注目されています。

4　税制適格退職年金制度の廃止

　昭和37年にスタートした税制適格退職年金制度とは（制度の詳細はQ60参照）、会社が信託会社等と税制適格の適格退職年金契約を締結するという一種の商取引によって成立するもので、会社内の退職金制度とは別の制度です。このような商取引をするのは、会社が将来の退職金（又はそれに上乗せした福利厚生制度として）支払いの準備のため、専門家に事前にその支払いのための資金を拠出して運用を委ね、国もこのことが公益（生活保護者増大による財政支出増の回避）にも合致すると考えて税務面で会社を優遇しました。税制適格退職年金制度では、会社と信託会社等との契約（適格退職年金契約）に加え、その制度内容を定める必要から適格退職年金規程(約)が作成されます。退職金制度（ないしは福利厚生制度）が目的、適格退職年金契約が手段という位置づけになります。

　しかし、税制適格退職年金制度も、バブル崩壊とともに、長引く不況による株価低迷の影響で、本来予定していた運用利益（多くの会社は、年5.5％で資金が運用されることを前提に制度設計）を得られず、保険料（掛金）の引き上げや

13

不足分(積立不足)の穴埋めが必要となり、契約の解約や給付の減額をする会社が続出しました。また労働力の流動化、M&A等に伴う規程の統一化への対応力に欠けることから、税制適格退職年金は企業年金制度として不十分ということで、国の年金制度改革の下、平成24年度をもって廃止されることが決まりました。

5　不利益変更問題検討の必然性

　会社と社員との間では、誰にいくら支払うかというルール、すなわち、退職(年)金規程を作ります(目的。但し、作成の義務はありません。Q3、Q4参照)。かかる退職(年)金規程に定めた退職(年)金を支払う責任は、あくまでも、会社にあります。とすると、手段にすぎない適格退職年金制度を廃止しても、根本の退職(年)金規程に手を付けなければ、積立不足のリスクを回避できない会社がほとんどのはずです。すなわち多くの会社が採用する、退職時の月額給与に勤続年数別の支給率を乗じて退職金を算定する方法による限り、退職金は年功的で高額になってしまいます。そこで、退職(年)金規程の高すぎた給付水準を引き下げなければならない場面が登場するわけです。これが、「退職(年)金規程の不利益変更の問題」です。

　退職(年)金の減額・不支給をめぐる紛争は後を絶ちません。退職(年)金規程は、就業規則の一部です。就業規則を労働者の不利益に変更する場合にはいくつかの要件を満たす必要があります。本書のチェックシートを大いに利用して検討していただきたいと思います。

◉ 見直しを支援してくれる組織、体制

当社は、税制適格退職年金の廃止に伴い、会社の退職金制度の見直しを考えていますが、どのような制度にしていくことが当社にとってよいのか、またどこから手をつければよいのか、見当がつきません。誰に、どう相談すればいいのでしょうか。

現在の会社の制度・現状把握、それを前提とした新たな制度設計は、社会保険労務士、税理士のアドバイスが有用でしょう。新制度への移行が法律的に問題がないかを事前に検証するためには、弁護士のアドバイスが有効です。

第1章 総論

1　税制適格退職年金制度とその廃止

　会社の退職(年)金規程の条項中、「○○会社と締結した適格退職年金契約により実施する」といった記載がある会社は、税制適格退職年金に加入しています。

　税制適格退職年金は昭和37年に始まりました。この制度は厚生年金基金と比べて制度の自由度が高く、自分の会社にあった独自の退職年金のルールを作ることができました。すなわち退職年金等の給付額を会社の財政状態をみながら決めることができたため、急速に普及していきました。

　税制適格退職年金制度は、会社が信託銀行や生命保険会社と契約を結んで、社員に対して退職年金を支払います。まず、会社と社員の間で、誰にいくら支払うかの退職(年)金規程を作ります。そして会社は、信託銀行・生命保険会社などと、法令で決められた条件を満たした契約を結びます。その後、信託銀行や生命保険会社は、将来、社員に支払う退職年金のために会社や社員から預かった保険料（掛金）資産を運用し、会社に代わって退職年金を給付します。この制度では、あくまでも、退職(年)金規程に定めた退職(年)金を支払う責任があるのは、保険会社や信託銀行ではなく会社となります。

　しかし、この年金制度も長引く不況による株価低迷の影響で、本来予定していた運用利益を得られず、保険料（掛金）の引上げや不足分（積立不足）の穴埋めが必須となりました。契約の解約や給付の減額をする会社も続出しました。税制適格退職年金は国の年金制度改革の中で、平成24年度をもって廃止されることが決まりましたので、これから続々と税制適格退職年金から他の制度へ変更する動きが出てくるでしょう。

2　誰にどう相談するべきか

　Q1に示すように、制度変更はそう簡単にいつでもできるものではありません。変更の際は、ある程度将来的な見通しをきちんと立てた上で、専門家の助言を得ながら、将来問題が生じないような変更をめざす必要があります。

　まず、現在の会社がどのような制度を採用していて、どのような現状にあるのか（たとえば、今後何年間にどの程度の退職者が見込まれるか、退職引当金の状況はどうなっているか、今までの退職金支給の実態はどうかなど）を把握していただきたいと思います。その際、社会保険労務士や、税理士のアドバイスが有用でしょう。このような現状分析の上に、社会保険労務士や税理士のアドバイスのもと、新たな制度設計を試みようということになれば、その制度への移行が

法律的に問題がないか（争われるリスクがないか、争われてしまっても勝てるか）を事前に検証するためには、リスクマネジメントとして活用できる弁護士のアドバイスが有効かと思います。

本書は、まさにその羅針盤たらんことを意図しています。

税制適格退職年金制度の廃止に伴う退職金制度廃止

Q3 税制適格退職年金制度が廃止されることに伴って、当社は、退職金制度自体をなくしてしまいたいと思っています。そのようなことは可能でしょうか。

A3 税制適格退職年金制度が廃止されても、いったん会社が退職金制度を設けた以上は、それをなくすことは容易ではありません。退職金制度の改廃は就業規則等の変更が必要になり、就業規則等を労働者の不利益に変更する場合にはいくつかの要件を満たす必要があるのです（Q1参照）。

1　そもそも会社は退職金制度を設ける必要があるのか

会社が退職者に退職金を支払わなければならない、という法律はありません。退職金に関する定めは就業規則に記載することではじめて法的効力をもつにすぎず（相対的記載事項といいます。労基法89条3の2号）、これを定めるか否かは会社の自由とされています。したがって、会社が就業規則（「退職(年)金規程」という名称の場合もありますが、性質は就業規則そのものです）を作成していない以上、会社に退職金支払義務は生じません。

ちなみに退職金に関する就業規則を定めていない会社であっても、過去の多くの退職者が退職金をもらっており、慣習として退職(年)金規程があったとみなされる場合には、退職金支払義務が生じることがあります。

2　それでも退職金制度を設ける会社が多いのはなぜか

日本の会社は終身雇用制度の下、優秀な人材を多数集めて、トレーニングして育成し、その後有為な戦力として働き続けてもらうことを念頭に置いていました。必死に集めて育てた戦力に、簡単に退職されてしまっては困ります。そこで、義務ではないものの退職金制度を定めている会社が多いわけです。すなわち、若い時期は、その労働に見合う賃金をもらえませんが、加齢にしたがい、

労働に見合う賃金が得られるようになるシステムであり、長い勤続期間を通算して働きぶりに見合う賃金を得られればいいという考えに基づいています（年功序列制）。日本の典型的な雇用形態において、有能な人材を継続的に確保するために、退職金制度は会社にとって不可欠な制度といえるわけです。

　退職金制度には、①賃金の後払い的性格、②長年の功労に対する報償（ごほうび）の性格、③労働者の引退後の生活扶助の性格があるといわれています（Ｑ４参照）。

3　退職金制度をなくしてしまってもいいか

　前述したように、退職金制度を設けることは法律上の義務ではありませんので、制度を設けないことは可能です。しかし、いったん退職金制度を設けた以上は、それをなくすことは容易ではありません。退職金制度を設ける場合は就業規則や労働協約でその内容が定められていることが多いので、退職金制度の改廃は就業規則等の変更が必要になりますが、就業規則等を労働者の不利益に変更する場合にはいくつかの要件を満たす必要があるのです（Ｑ１参照）。

　退職金制度をなくすような就業規則等の変更が可能かどうかはケースバイケースですので、本書のチェックシート等を参考にされるとよいでしょう。

◉ 退職金規程と退職金の減額・不支給

Q4　退職(年)金規程を設けていれば、必ず定めたとおりに支払う必要があるのでしょうか。そもそも設けなくてもよい制度だということであれば、懲戒解雇の場合や退職後同業他社に就職する場合は、退職金を減額ないしは不支給とすることは可能なのではないでしょうか。会社の財政状況が悪いときは支給しない、などとはできないのですか。

A4　退職金の減額・不支給は、無限定に認められるわけではありません。当該退職金制度の性格付けや減額・不支給の理由など諸般の事情を総合することで減額・不支給の可否は個別的に決定されます。

1　会社には退職金制度を定める法的義務はない

　会社は必ずしも退職金制度を設ける必要はありません。すなわち、会社が退職金制度（退職(年)金規程等に具体的な算定式の定めがあってはじめて発生し、退

第2部　Q&A

職(年)金規程所定の条件をクリアしないと権利行使できません。）を設けた結果支払いが義務となるのであって、退職金制度を設けなければ支払わなくてよいものです（Q3参照）。

　たとえば、「社員の貢献度や会社の状況に照らし退職金を支給する場合がある」といった規定のように、支給の条件があらかじめ明確に定められていない場合は、支給しなくてよい場合もありえます。

2　退職金制度の性格

　日本の多くの会社が採用する終身雇用、年功序列の賃金体系、すなわち長い勤続年数を通算してその働きぶりに見合う賃金が得られればいいという考え方において、労働者の定年退職のときに、賃金の不足分を埋め合わせる趣旨で退職(年)金規程は置かれているといえます。すなわち退職金は、一般的に、退職時の月額給与に勤続年数別の支給率を乗じて算定されており、①賃金の後払い的性格を有するといわれています。この賃金の後払い的性格の外にも、退職金の算定においては、退職時の月額給与を基準にして、支給率も勤続年数に応じて逓増していることから、②長年の功労に対する報償（ごほうび）としての性格も併せ有しているといえます。さらに、会社の社会的責任という観点にも合致しますが、日本人の平均寿命が延びる中、退職金には、公的年金制度を補完するべく、③労働者の引退後の生活扶助の性格も有するといえます。

3　懲戒解雇、同業他社への就職の場合の退職金減額・不支給の可否

　退職金の賃金の後払い的性格を強調すると、懲戒解雇されようが、同業他社へ転職しようが、すでになされた労務に対する対価を奪うことはできないことになりそうです。しかし前述したように、退職金は、長年の功労に対する報償という性格も併有していますので、この性格を強調すれば、懲戒解雇や同業他社への就職の場合に、退職金を減額または不支給とすることも許されることになります（三晃社事件・最高裁昭和52年8月9日判決）。

4　会社の経営状況次第の退職金減額・不支給の可否

　このような労働者のいわば責めに帰すべき事由による減額・不支給とは異なり、勤続年数と退職事由によって支給率が定められている退職金の支給の有無及び額を、会社の経営状況によって取締役会で個別に決定できるように変更することは、退職金の賃金の後払い的性格を強調すると難しいということになります（ドラール事件・第3部判例解説⑦）。

　裁判例の立場は、退職金の減額・不支給を無限定に認めるわけではなく、当

第1章 総論

該退職金制度の性格付けや減額・不支給の理由など諸般の事情を総合することで減額・不支給の可否を個別的に決定しているといえます。退職金の減額・不支給をめぐる紛争は後を絶ちませんので、自分の会社の退職金制度がどのような性格を有しているか等について、一度専門家に確認・相談しておくことをお勧めします。

◉ 退職金の分割払い・現物支給

Q5 当社の就業規則には「退職後20日以内に退職金全額を支払う」との規定がありますが、これを分割払いにしたり、あるいは退職後1年以内に支払うように変更することはできませんか。また、退職金の一部を現物支給とすることはできないでしょうか。

A5 就業規則を変更すれば分割払い等も可能です。ただし、税法上の取扱いには注意が必要です。

1 よくあるケース

従業員が退職するとき一時的に支給原資が足りない、ということもよくあります。このような場合、20日以内に支払うためだけにわざわざ金融機関から借り入れをするわけにもいかず、退職者に分割払いや支払期限の延期をお願いしたいところです。そして退職者にどうしても20日以内に払ってもらわないと困る事情がなければ会社と退職者で話し合いをして、分割払いや支払期限延期の合意をしたうえ、その合意どおりに退職金を支給すれば、後日問題にならないケースがほとんどでしょう。

2 法的な問題

しかし、実は、このような方法では法的には問題があります。

この会社の場合、就業規則で明確に、退職後20日以内に全額支払うと規定してしまっています。そして、就業規則でこのように規定してある以上、「分割で払います」とか「1年以内に払います」などと従業員と個別に合意をしても、その合意は無効になってしまい、もし従業員から「就業規則どおり20日以内に払え」と請求されたら、21日目からの遅延損害金も加えて支払わなくてはいけなくなってしまうのです。

なぜ、両者が合意しているのに、その合意が無効になってしまうのかという

と、法律で「就業規則で定める基準に達しない労働条件を定める労働契約は、その部分については無効とする。この場合において無効となった部分は、就業規則で定める基準による。」(労基法93条、労契法12条)と規定されているからです。簡単にいえば、労働者が就業規則よりも悪い条件で個別に合意をしても、そのような合意は無効で、就業規則どおりの基準が適用されるということです。これは、弱い立場にある労働者が会社に強制されて就業規則より不利な個別合意をさせられることを防止するために定められたものだと思われます。

ですから、退職者と円満に個別の合意ができても、法的には、会社が従業員の退職後20日以内に全額を支払わなければならないことに変わりはない、ということになります。

3　法的リスクを回避するために

個別の同意を取り付けて分割払い等することが法的に問題があるなら、どのような方法を採ればよいのでしょうか。

これは、基本的には就業規則自体を変更するしかありません。たとえば、「退職金は、原則として退職後20日以内に全額支払う。ただし、会社の都合により、従業員の同意を得て、これを1年以内の分割払いとし、あるいは支払時期を退職後1年以内の特定の日に延期する場合がある。」、「退職金は、原則として現金で給与振込口座に振り込んで支払う。ただし、従業員の同意を得て、現物支給とする場合がある。」などと変更することが考えられます。

4　就業規則変更の方法

就業規則は会社が一方的に変更できるものです。従業員に有利な変更であれば、制約はありません。しかし、逆に従業員に不利益な変更をしたい場合は、合理的な変更でなければならない、という制約があります。合理的な変更ではない場合、就業規則の変更は無効になりますから、従前の就業規則が生きていることになってしまいます。

合理的な変更かどうかは、そのような不利益な変更をしなくてはならないほどの必要があるのか(必要性)、変更された後の就業規則の内容が一般的にみて許される範囲か(相当性)、変更にあたって従業員にきちんと説明をし、理解を得たか(適正手続)といった点を総合的にみて判断することになります。

この会社の場合も、それまでは「退職後20日以内に支払う」という規定だったところ、分割払いや支払時期延期の可能性がある規定などに変更されるわけですから、不利益な変更にあたります。したがって、そのような変更をする必

要性や、どのような場合に分割払いあるいは支払時期の延期をするのか、現物を支給される場合、具体的にはどんな物を想定しているのか等、きちんと従業員に説明し、質問があれば受け付けて誠実に回答し、できれば「変更の必要性及び内容を理解し、変更に同意する」旨の一筆を全従業員から徴収しておくなどの手続をとっておくことを検討しましょう。

こうして就業規則の変更をしてしまえば、その後は新就業規則に従って支払うことができるようになります。

就業規則を変更するのは説明したり届け出をしたりで面倒だ、従業員と個別同意をするほうが簡単だし、あの温厚な退職者が後で文句をつけてくることはないだろう、というような気持ちもあるかもしれません。しかし、多少面倒でも一度変更しておけば、将来、より柔軟に退職金の支給をすることが可能になります。また、トラブルになりそうな従業員が現れてからでは就業規則の変更も難しくなりますから、トラブルが起きそうにない時期にこそ、就業規則の変更をしておくべきです。

5　税務上の問題

法的な問題は就業規則の変更でクリアできますが、分割払いや現物支給の場合には税務上の問題が生じる可能性があるので注意が必要です。

すなわち、分割払いの場合、長期の分割払いにしてしまうと、退職所得として認められない可能性が生じます。退職所得であれば、老後の生活の糧となるものであるため税法上優遇されますが、長期の分割払いになると退職年金として雑所得扱いになる可能性があります。そのあたりの説明をきちんとしないと、後々、退職者から、きちんと説明されていれば分割払いに応じなかったのに、と言われるなどのトラブルになりかねません。

また、現物支給の場合は、支給額は時価で評価されますので、たとえば時価3,000万円の土地を2,000万円の退職金の代わりに現物支給する場合、1,000万円については損金算入ができない可能性が出てきますし、受け取った退職者のほうにも贈与税がかかってくる可能性もありますから、支給前に税理士等専門家に相談しましょう。

第2部　Q&A

退職金制度の新旧切替え時における運用

Q6 当社はＸＸ年6月1日から新退職金制度に移行することを検討していますが、この場合、ＸＸ年5月31日までに退職する労働者については旧退職金制度に基づいて全額支払わなければならないのでしょうか。また6月1日以降に退職する労働者については新退職金制度に基づいて計算した退職金のみ支払えばよいでしょうか。

A6 5月31日までの退職者には旧規定に基づき全額、6月1日以降の退職者には5月31日で退職した場合の旧規定で計算した退職金に加えて、6月1日以降の分について新規定で計算した退職金を払うのが原則です。

1　既得権と期待権

　退職金制度を変更する場合、特に従業員にとって受取額が減ってしまうような変更を行う場合には、必ずこうした問題が生じます。わかりやすくするために具体的な数字で説明しますと、たとえば、Ａさんが5月31日に退職する場合、旧退職金制度だと300万円もらえるとします。ところが、Ａさんが6月30日に退職する場合、新退職金制度のみを適用すると200万円しかもらえないことになるとします。これではＡさんにとってみれば明らかに不公平で、納得がいかないでしょう。このような変更をされるのなら、5月31日に退職して300万円もらっておいたほうがよかったと文句を言われることになりかねません。

　このような場合、5月31日で退職したと考えた場合の旧制度に基づく退職金の金額（Ａさんにとっての300万円）は、一般的に「既得権」といわれ、それを侵害するような変更はできないと考えられています。つまり、5月31日までの分の退職金300万円は、旧制度のもとで仕事をしてきた以上、すでにＡさんに権利があるということです。

　これに対して、6月1日以降の分の退職金については、労働者は旧制度に基づく退職金を受け取れると期待していただろうということで「期待権」といわれます。期待権部分については、既得権部分と異なり、制度の変更で切り下げることも可能ですが、労働者の期待に反して支給額を減らすわけですから、①期待を裏切ることになるのもやむを得ないという必要性があること、②労働者が受け入れられる程度の減少であるなど相当性があること、③きちんと説明す

るなど適正な手続をとることが重要です。

　したがって、Aさんが5月31日に退職するなら、300万円全額を支払う必要がありますし、6月30日に退職する場合でも、5月31日までの分として300万円は支払わなければならないということになります。そして、6月1日以降の分については新制度の下で計算した額（6月30日までの新制度に基づく退職金が200万円ですから、仮に5月31日までの新制度に基づく退職金が190万円であれば、その差額である10万円）を300万円に上乗せして支払うことになるでしょう。

　なお、会社都合と自己都合で支払額に差を設けている会社が多いと思いますが、既得権とされるのは自己都合退職の場合の退職金額です。既得権とは、5月31日で退職していれば少なくとも300万円はもらえたはずだ、という金額だからです。

2　既得権部分は本当に減らせないのか

　しかし、会社としては本音のところ、支払額を減らしたいから新退職金制度に移行したいわけで、5月31日までの既得権部分を減らせないなら意味がないと思うかもしれません。実際、既得権部分を払いたくても払えない状況になってしまっているからこそ、このような制度変更を検討したいという会社も多くあります。既得権部分を支払うことができず、倒産してしまう可能性すらあるというような切羽詰まった状況にあれば、何とかして既得権部分を減らさなくてはいけません。従業員としても、いっせいに退職してしまえば会社が倒産し、既得権部分どころか退職金が全くもらえないような状況だと知れば、既得権部分を多少減らすのもやむをえないと考えるかもしれません。

　1.の部分で、既得権部分は侵害できないと考えられている、と説明しましたが、実はこの点について正面から判断した裁判例は見あたりません。つまり、もし既得権部分を侵害するような退職金制度の変更を行った後、従業員にその効力を争われた場合、既得権を侵害することは一切できないという判断が出るかどうかはわからないということです。実務上は、リスクを回避するために、既得権は侵害できないものとして制度の変更を検討することが多いのですが、そんな生易しい変更ではにっちもさっちもいかなくなっている会社の場合は、リスクを承知で既得権部分を侵害する変更をしてしまうケースもあります。この場合には、従業員に対して、既得権部分も減らすような制度変更をしなければ倒産の可能性すらあり、そうなると一円も払えなくなってしまうというような状況説明を誠実に行った上で、各従業員の同意をもらってから制度の変更を

するようにします。さらに、今退職すれば退職金として××円は払う、という上乗せ提案をして、新制度のもとで仕事を続けるか、旧制度のもとでもらえるはずだった退職金に近い額をもらって別の仕事を探すかという選択肢を提示するという方法をとることもあります。

なお、従業員に対する退職金の既得権部分すら払えないという状況で、役員に報酬を満額支給するわけにはいきません。賃確法5条には退職金の保全義務が規定されており、これは努力義務とされているため、退職金をきちんと払えるよう引当金を積んでおくことができなかったとしても違法とはいえませんが、当然のことながら経営責任は大きいと判断されます。従業員退職金の既得権を切り下げるのは、役員報酬を返上するなどやれることをすべてやった後、最後の手段と認識してください。

倒産時の退職金の扱い

Q7 不況の影響で、退職金の減額をしなければ倒産するしかない状況です。仮に倒産した場合、従業員の退職金はまったく保証されないのでしょうか。

A7 破産の場合には、退職金より優先される債権に対する弁済をした後、余りが出れば支払えることになります。再生の場合には、事業を継続しながら支払うことができます。一定の条件を満たせば、国が退職金を立替払いしてくれる制度もあります。

1 会社が倒産した場合の退職金の扱い

会社の倒産といっても、法的な手続としてはいくつかの種類があります。中小企業の場合であれば、会社がなくなってしまう場合の手続としては「破産」、会社を再建する場合の手続としては「民事再生」が一般的でしょう。したがって以下では破産と民事再生の場合に絞って説明することとします。なお、手続後に会社がなくなる場合の手続を「清算型」、手続後に会社が存続する場合の手続を「再建型」といいます。

（1）破産の場合

まず、会社が破産した場合ですが、退職金は「財団債権」といって、優先的に支払われることになります。この場合、会社が払うかどうかを決定できるわ

けではなく、破産管財人が公正中立な立場から会社の資産を調査して、支払うべき先に優先順位をつけて支払うことになるため、「支払われる」と表現することが多いのです。

　もっとも、退職金の全額が財団債権になるわけではなく、退職前3ヶ月間の給料の総額と、破産手続開始前3ヶ月間の給料の総額のうち多いほうの額に相当する分だけが財団債権として優先的に支払われます（破産法149条。なお、財団債権にならない部分の退職金は「優先的破産債権」といって、財団債権が全額支払われた後さらに余りがある場合にのみ支払われますが、一般的にはほとんど支払われません。）。

　会社が破産すれば、一般的に従業員は破産手続開始決定前までに解雇されますから、だいたいの目安としては、「従業員の3ヶ月分の給料に相当する額の退職金」は財団債権として優先的に支払われると考えておけばよいでしょう。

　しかし、優先的に支払われるといっても、あくまで会社に「支払えるだけの資産」がある場合に限ります。もし会社に土地や建物、自動車などの資産があっても、金融機関やリース会社の担保が設定されていれば、これらの資産を換価した現金は、まずは担保権者である金融機関やリース会社に支払うべきことになります。ですから、従業員に退職金を支払えるかどうかは、担保権者に弁済した後の資産がどれくらいあるかによって決まってくることになります。したがって実際には、会社にみるべき資産が何も残っておらず、退職金はほとんど支払えない、というケースも多いのです。

　このような場合には、退職金を減額してでも破産を回避したほうが従業員の利益になる、といういい方もできるかもしれません。もっとも、後述するように、破産の場合には従業員は国の機構から退職金を立替払いしてもらえる制度があり、この制度を利用できる条件を満たしているのであれば、退職金を減額されるよりも破産してもらったほうがよい、と考える従業員もいるかもしれませんので、「退職金を減額しないと破産してしまう」という理由だけで退職金を減額することが可能かどうかは難しいところです。

(2) 民事再生の場合

　会社が民事再生を申し立てた場合は、破産の場合と異なり、会社はその後も再建を目指して事業を継続することになります。ですから、従業員も全員解雇されるというような事態にはならない場合も多いでしょう。

　民事再生の場合には、厳密には、再生手続開始前に退職した従業員の退職金

と、再生手続開始後（再生手続中）に退職した従業員の退職金とに分けて考える必要がありますが、いずれにしても優先的に支払われることに変わりはありません。「優先的に支払われる」というのは、破産と違って会社自身が事業を継続しながら、会社の判断で支払うことができるという意味です。

したがって、再生手続の開始後に自主的に退職した場合は自己都合の退職金を受け取ることができますし、再建を目指す過程で、不採算事業から撤退する等の理由で一部の従業員が解雇されるということもありますが、その場合には会社都合の退職金が全額支払われることになります。

ただし、再生手続の最中に、再生計画に対して債権者の同意が得られない等の理由で、退職金支給条件の大幅な切下げを行わざるを得ない場合もあります。そのような場合には、従来の基準で計算した退職金の全額を支払うことは困難になるでしょう。

さらに、再生手続の場合には、いったん再建を目指して再生手続を申し立てたものの、やはり事業を継続することができず、最終的に破産手続に移行してしまう場合がありえます。この場合には、退職金も破産手続の中で処理されることになりますので、結局会社にどの程度資産が残っているかにより、支払うことのできる退職金の額は異なってきますから、注意が必要です。

2　独立行政法人労働者健康福祉機構による立替払い制度

会社が破産や民事再生を申し立てた場合、その申立ての日の6ヶ月前から、申立ての日の1年半後までに退職した従業員の退職金については、従業員が労働者健康福祉機構に申請をすれば、全額ではありませんが、同機構が立替払いをしてくれる場合があります。たとえば、平成21年10月1日に会社が破産や民事再生を申し立てた場合、平成21年4月1日から平成23年3月31日までに退職した従業員が対象になります。詳細な要件については割愛しますが、この制度を利用すれば、退職金だけでなく、未払いとなっている賃金の一部についても立替払いをしてもらえますので、これを利用する労働者も多いようです。

会社にとってみれば、あくまで国が立て替えてくれるだけで、その後国から請求を受けることになるわけですから、再生手続を選択する場合にはあまりメリットはありません。しかし、破産を選択する場合には、この制度を利用してもらえれば従業員にあまり迷惑をかけずにすむというメリットはあるでしょう。

◎ 退職金に係る会計基準(概要)

Q8 退職給付会計とか、退職給付引当金などという言葉を聞きますが、よくわかりません。確定拠出型にすればよいというような話も聞きましたが、会計基準の変更とどう関係があるのでしょうか。

A8 退職給付会計の導入により、退職給付債務の財政状況が財務諸表上に現れることとなりました。退職給付引当金とは、積立不足の部分を負債として計上することとなった部分のことをいいますが、確定拠出型であれば退職給付会計の適用対象外なので、退職給付引当金を計上する必要はありません。

1 退職給付会計の導入

　この本を手に取られている中小企業の経営者の方は、おそらく、退職給付会計という会計基準が導入されたことについては、どこかで耳にされたことがあるのではないでしょうか。

　退職給付会計は、平成13年3月期（平成12年4月1日）から導入されたものです。それまでの会計基準では、①会社が支払う退職金については、事業年度末に全従業員が退職したらいくらの退職金を支払わなければならないかを計算して、そのうちの何割かを退職引当金として計上する方法が一般的であり（これは「退職給与引当金」と呼ばれていました。「退職給付引当金」と似た言葉ですので混乱しやすいですが、現在は廃止されています。）、また、②会社以外の機関に積立てをしておき、その機関から退職金が支払われる場合は、会社がその機関に支払った掛金の額を費用として計上する方法が一般的でした。

　しかし、バブル崩壊後の運用収益の低迷により、退職金制度の設計時には高利回りで運用できることを前提に支給額を想定していたにもかかわらず、設計時ほどの運用収益が到底見込めなくなってしまったために、想定していた支給額を支払うことが非常に難しくなってしまったのです。

　ごく一部の体力のある企業は、こうした事態を見越して、引当金を積み増すなどして対応をしてきましたが、ほとんどの中小企業はそうした余力もなく、将来の退職者に退職金満額を支払える余裕がないことに気づいていながら、とりあえず問題を先送りにしてしまっているのが現状です。

　こうした状況の中、従来の会計基準のままでは、各会社の潜在的な退職給付

債務がどの程度あるのかを見抜くことが難しいので、退職給付債務の額を統一的な基準で計上させるために、退職給付会計という会計基準が導入されたのです。

2　退職給付会計の内容

　退職給付会計では、退職給付引当金として負債計上すべき額の計算方法が明確に定められています。会社が退職金を支払う場合でも外部機関が支払う場合でも同じになるよう定められていますが、これは、外部機関の支払原資が枯渇した場合には、会社が直接従業員に退職金を支払う義務を負うことになるため、会社の潜在的な退職給付債務であることに変わりはないからです。

　会社が負債として計上すべき「退職給付引当金」は、ごく簡単にいえば、まず退職給付債務の額を見積もり（これが退職給付債務です。）、その額に若干の修正を加えた上で（たとえば、過去に退職金規程の変更があった場合などに、変更前と変更後の差額分を調整するために行われます。）、すでに積み立てられている年金資産の額を差し引いて計算されます。つまり、会社が将来支払うべき退職給付の額から、すでにその原資として確保してある分を差し引いた残り、すなわち積立不足が、退職給付引当金となります。

　この退職給付引当金を一気に負債計上すると、ほとんどの企業はそれだけで債務超過に陥り、多額の評価損が発生してしまうことが予想されたので、数年にわけて費用として計上することが認められましたが、それでも多くの企業にとって負担が大きいことは事実でしょう。

3　確定拠出年金等について

　以上の説明からすでに理解されているかもしれませんが、退職給付会計というのは、将来会社が負担すると予想される退職給付債務の額を明らかにするために導入されたものですので、逆にいえば、将来会社が負担する退職給付債務の額が問題にならない場合には、退職給付会計を適用する必要はないということになります。つまり、退職給付会計の対象となる退職金は、将来の退職給付の額を認識する必要がある場合のみということになります。

　具体的には、会社が支払う退職金や年金と、将来の受取額が決まっているタイプの退職金（確定給付型）等のみが退職給付会計の対象になり、確定拠出年金や中退共など、会社がいったん支払ってしまえば将来の退職給付の額について会社が責任を負わないタイプの退職金制度を導入している場合は、退職給付会計が適用されません。したがって、確定拠出年金を採用したいと考える会社

退職金制度の具体的変更方法①

Q9 退職金制度の変更にあたってはどのような変更方法があるのでしょうか。全労働者の同意を得る必要がありますか。

A9 退職金制度が就業規則で規定されているかどうか、また労働組合があるかどうかによって、退職金制度の変更に関する手続は異なります。

1 退職金制度の不利益変更とは

　退職金制度を変更するといっても、2つの場合があります。一つは、それまでの退職金制度を従業員の利益になるよう変更する場合。もう一つは、従業員の不利益になるように変更する場合（「不利益変更」といいます。）です。

　たとえば、それまで勤続5年以上の従業員にのみ退職金を支給していたのを、勤続1年以上の従業員にも支給することにするとか、勤続30年の従業員には退職時の基本給の14倍の退職金を支給していたのを、20倍に引き上げるといった変更のみであれば、従業員の利益になる変更といえます。しかし現在ではそのような変更がなされるケースはまずありません。

　では、支給対象を勤続5年以上から1年以上に拡大し、同時に支給額を引き下げるような変更は利益変更でしょうか、不利益変更でしょうか。確定給付型から確定拠出型に変更するのはどうでしょうか。退職一時金を退職年金型に変更する場合はどうでしょう。

　このように、一概に不利益かどうか判断が難しい変更も多いのですが、実務的には、ほとんどの変更には従業員にとって不利益になる部分があるので、基本的には不利益変更であるという前提で手続を検討します。

2 退職金制度の不利益変更の方法

　不利益変更には、3つの方法があります。

　まず、①退職金制度が就業規則で定められていない場合には、全労働者の個別の同意を得て変更する方法が考えられます。従業員数がせいぜい数十名程度で、みな会社に対して協調的な従業員であるような場合には、この方法が適している場合もあります。

第2部　Q&A

　もっとも、全員の同意が得られるような場合であれば、新たに就業規則の一部として新しい退職金制度を設けてしまうという方法もとりえます。ただし、将来これをさらに変更する場合には、以下の③で述べる方法（就業規則の不利益変更）による必要があるので、就業規則の一部として設けるか否かはよく検討しましょう。

　次に、②労働組合がある場合には、その労働組合と話し合いをして、新退職金制度につき労働協約を締結する方法があります。会社に友好的な労働組合があり、しかも、従業員の大多数（会社の各事業場ごとにみて4分の3以上の従業員）がその労働組合に加入している場合には、非常に適している方法です。なぜなら、労働組合法により、各事業場において4分の3以上の労働者が加入している労働組合との労働協約は、その労働組合に加入していない労働者に対しても効力が及ぶこととされているため、労働組合と協約を締結すれば、全従業員に対して新退職金制度を適用できるからです。また、労働協約は就業規則に優越するので、就業規則で退職金制度が定めてある場合でも、労働協約を締結すれば、実質的に就業規則上の退職金制度を変更したのと同じ効果が得られます。

　もっとも、その多数組合のほかに少数組合がある場合には、この②の方法は現実的ではありません。多数組合と労働協約を締結しても、少数組合の組合員にはその労働協約の効力が及ばないと考えられているためです。少数組合とも別途、多数組合と同じ内容の労働協約を締結するという選択肢も考えられますが、全く同じ内容の労働協約を締結できることは現実的にはあまり想定できません。会社にとっては、従業員によって退職金の条件が異なってしまうような事態は大変困りますから、少数組合がある場合には、②の方法は現実的でないでしょう。

　最後に、③退職金制度が就業規則で定めてあり、多数労働組合もないような場合には、就業規則を変更するほかありません。そして、実際はこの③の方法により制度を変更する場合が最も多いといえます。

　就業規則は、会社が一方的に定めることができるもので、従業員の同意は必要ではありません。会社が就業規則の内容を変更するときも、従業員の同意までは不要です。

　しかし、個々の従業員にとってみれば、就業規則に定められている条件で仕事をするという契約だったのに（就業規則の労働条件は労働契約の内容になりま

す。労契法7条)、突然その条件を会社に一方的に不利益に変えられてはたまったものではありません。

　そこで、就業規則を変更するに際しては、「就業規則の変更が、労働者の受ける不利益の程度、労働条件の変更の必要性、変更後の就業規則の内容の相当性、労働組合等との交渉の状況その他の就業規則の変更に係る事情に照らして合理的なものであるとき」にのみ、変更後の就業規則の条件が労働契約の内容になる、と定められています（労契法10条)。わかりやすくいえば、就業規則の変更が合理的でなければいけないということであり、合理的かどうかは、変更の必要性、変更後の規則内容の相当性、変更にあたっての適正手続、といった諸事情に照らして判断されるということです。

　たとえば、退職金制度を変更する必要性がない（あるいは小さい）のに、従前の退職金制度と比較して大幅な支給率引下げを、従業員に何の説明もなく行うような場合は、とても合理的な変更とは認められません。したがってこのような変更は無効であり、従業員は変更後の就業規則に拘束されることはありません。言い換えれば、従前の退職金制度に基づいて退職金を請求できるということになります。

　しかし、必要性、相当性、適正手続の3要件については、ケースバイケースで判断が異なり、裁判所も総合的判断をしていたため、具体的にどういった要素がどの程度なら合理的な変更と認められるかを事前に予測するのが困難でした。

　そこで、本書のチェックシートを活用して、どのような点が判断のポイントになるのか、あなたの会社で退職金の不利益変更が認められるかどうか、チェックしてみてください。

◉ 退職金制度の具体的変更方法②

Q10 退職金の変更方法に3つあることはわかりました。それぞれ、どのようなポイントに留意して手続を進める必要があるでしょうか。また、変更の効力について将来問題になるのはどのような場合でしょうか。

第2部　Q&A

A10　手続面のポイントとしては、どのような変更方法をとる場合でも、従業員や組合に対して、変更をしなくてはいけない事情と変更後の退職金制度の内容について、きちんと説明をして理解を得ることがもっとも重要です。変更の効力が問題になるのは、将来、退職者から、新退職金制度への変更が無効だと主張された場合です。

1　手続面の注意点

（1）個別同意による方法

　就業規則が存在しない場合、個別同意により退職金制度を変更することが考えられます。

　この場合の注意点としては、同意のあったことを書面で残しておくこと（同意書に署名をしてもらう方法がベストでしょう。）と、後日、強制的に同意（署名）させられたと主張された場合にも反論できる資料を作っておくことです。

　具体的には、まず、従業員に対する説明の文書を作ります。退職金の場合、わかりやすい図などを使って、さらに理想をいえば、その従業員の場合、現在の制度でもらえる金額はいくらで、変更後の制度でもらえる金額はいくら、といったことがわかるようなものになっているとよいのですが、実際にそこまでするのは難しい場合も多いでしょう。

　さらに、その文書を使って、全従業員に対して、なぜこの時期に退職金制度を変更する必要があるのか、変更しなければどうなってしまうおそれがあるのか、また変更後の退職金制度はどのような内容なのかについて十分に説明する機会を設けます。これについても文書にしておくとよいですが、会社の内部事情を記載することに抵抗があれば、配布した紙を回収するなどの方法を検討し、文書自体は後日の証拠として会社で保管しておくという方法もあります。全員を集めて説明しても、いくつかのグループに分けて説明しても、個別に説明してもよいですが、大事なのはきちんと質問の機会と検討する時間を与えた上で、同意書面に署名をしてもらうことです。配布書面には、質問を受け付ける期限と質問の宛先、方法を記載しておきましょう。もちろん、質問があった場合にはきちんと回答することも重要です。できれば、質問とそれに対する回答は文書で（メールでもかまいません）行うようにしましょう。これは、後日、そのような説明はされていない、聞いていないという主張をされたときに、言った言わないの水掛け論になることを避けるために必要です。

こうして同意書に署名してもらったものを会社に提出してもらい、保管しておきます。

（２）労働協約による方法

多数組合との労働協約を締結する場合も、基本的には（１）の個別同意による場合と同様です。組合に対して変更の必要性と変更後の退職金制度について説明する資料を作成し、条件について話し合う機会を設けます。組合から条件について要望等が出される場合もありますから、要望や質問等の宛先と方法（文書にしてもらうのがよいでしょう）、期限を明示します。そして、組合の要望を聞きつつ、取り入れられる条件は取り入れ、受け入れられない条件については受け入れられない理由をきちんと示して説得します。こうして労働協約を締結することができれば、退職金制度の変更は成功といえるでしょう。

労働協約の場合に若干注意すべきなのは、まず、形式的な点ですが、協約を書面にして、会社と組合の両者が署名又は記名押印することが必要である点です。

また、有効期限の定めを入れる場合には上限が３年ですから、３年ごとに協約を見直す必要が出てきますが、かといって有効期限の定めを入れない労働協約を締結すると、解約権の濫用にあたらない限り、いつでも書面で申し入れることにより解約することができてしまいます。この場合には、解釈に争いはありますが、労働協約が失効して従前の退職金規程が復活すると考えられる場合があり得ますから、これを避けるためには、協約自体に、本協約が解約された場合は新たな協約が締結されるまで本協約に基づく退職金制度が存続する、という内容の条項を入れておくべきです。

さらに、変更後の退職金制度の内容によっては、たとえ９割以上がその組合に加入していたとしても、組合員以外の従業員にその効力が及ばない場合がないわけではありません。たとえば、多数組合の組合員がほとんど40代以下であり、50代以上の従業員は非組合員であったような場合、50代以上の従業員は退職金５割カットで40代以下の従業員は２割カット、というような内容の退職金制度の変更が非組合員にも効力が及ぶと考えてしまうのはあまりに不公平です。非組合員は会社との労働協約締結に際して交渉すらできないわけですから、自分と全く関係のない多数組合の幹部が交渉した結果締結された労働協約が自分たちにのみ不利益な場合などには、適用を拒否できるのです。

（3）就業規則の変更による方法

この場合も、変更の必要性、変更後の制度の内容について、書面で従業員や組合に説明し、質疑の機会を設け、誠実に交渉することが最も重要であることは、（1）や（2）の場合と同じです。特に、組合がある場合には、組合に対してきちんと説明をしたかどうか、組合からの要望に誠実に対応したかどうかは大きなポイントになりますので、敵対的な組合であればなおさら、すべてのやりとりを書面で残すようにする必要があります。できれば、同業他社の退職金水準なども調べておくとベストです。

さらに、就業規則特有の注意点として、変更後の就業規則を「周知」させる必要があります。「周知」というのは、就業規則を見やすい場所に掲示したり、あるいは従業員が見たいと思えばいつでも見られる場所に置いておくといった方法（イントラネットなどでも問題ありません）で、従業員全員に内容を知らせておくことです。もちろん、全員に就業規則を配付するという方法も可能です。

2 問題になる場面

実際に変更の効力が問題になるのは、退職者が、新退職金規定の効力を争う場合です。具体的には、労働者が、旧退職金制度に基づく退職金支払いを請求してくる場合です。これに対して会社は、新退職金規定を制定したこと、その新退職金規定は変更の必要性・相当性を満たし適正手続を経た合理的なものであり有効であることを主張立証していくことになりますが、こうした請求は従業員が退職した後に起こされることになりますので、変更後何年間も、効力を争われるリスクがあるということになります。

もし争いになった場合には、退職金は一般的に額も大きいため、最初から地裁で争われることが多く、弁護士を代理人に立てて争うことになるでしょうから、時間も費用もかかります。したがって、変更前に手続等について専門家に相談して十分な検討をすることが非常に重要になります。

◎ 退職金が規定された労働協約と就業規則の関係

Q11 当社には、労働組合と締結した労働協約と就業規則の両方に同じ退職金の規定があります。今回、退職金制度を見直すにあたり、労働協約と就業規則の両方を見直す必要があるでしょうか。また、労働

第1章　総論

組合が協約見直しに同意しない場合、就業規則の変更だけで退職金の見直しが可能ですか。

A11 協約の見直しが必要な場合がほとんどですが、その内容や労働組合の数、事業場における組合員の割合等によっては就業規則の改定が必要な場合もあります。また、内容の有利性についても微妙な判断が必要な場合がありえますので、専門家に相談されることをお勧めします。

1　協約と就業規則で同じ規定がある場合

　法は、「就業規則は、法令又は当該事業場について適用される労働協約に反してはならない。」（労基法92条1項）、「労働協約に定める労働条件その他の労働者の待遇に関する基準に違反する労働契約の部分は、無効とする。」（労組法16条）、と定めています。つまり、労働協約と就業規則では労働協約のほうが強いと考えてください。これは、就業規則のほうが従業員に有利な規定であっても、原則としては不利な労働協約の定めが優先されるということです（もっとも、協約の規定があくまで最低基準を定めたものであるような場合には、それより有利な就業規則の定めも有効となる場合があると解されます。）。

　したがって、協約と就業規則の両方が存在する場合、就業規則だけ変更しても、協約を変更しない限り、協約の定めが優先されてしまいますので、退職金規定を変更する意味がなくなってしまいます。このような場合には、協約の見直しが必須ということになります。

　ところが、協約というのは労働組合と会社との契約のようなもので、両者が署名又は記名押印することが必要ですから、労働組合が協約の見直しに同意しない場合は協約の改定ができません。そこで、協約の見直しをめざして労働組合との折衝が必要になります。

2　新協約締結にあたっての注意点

　労働組合と話し合いの末、無事新協約を締結することができれば万事解決かというと、そうでもありません。

　まず、会社に労働組合が複数存在する場合には、当然のことながらその全てと協約を締結する必要があります。しかし、複数の組合と同様の内容で協約を締結するのは現実には困難です（Ｑ9参照）。さらに、組合は一つであっても当該事業場の非組合員に拡張適用されない場合には、協約の締結だけでは足り

ず、就業規則の改定も必須です。

さらに、たとえば組合員には有利だけれども非組合員が不利になるような協約は、非組合員には拡張適用が否定される場合もあります（Q10参照）し、組合の大会決議を経ずに幹部の独断で締結された場合のように、組合員の意見が実質的に反映されないような手続で締結された協約は無効とされる場合もあります。

したがって、協約の見直しが必要な場合は、のちに争われた場合でも負けないような退職金規程の設計及び証拠（文書・資料）作りと、適正手続に配慮した根気強い説得・交渉が非常に重要になってきます。

3　就業規則より有利な協約がある場合

上述のとおり、就業規則よりも協約の定めが優先されますから、協約の見直しが必須となります。

なお、協約に有効期限が設けられている場合もあります。そのような場合、「有効期限が切れているからその協約で定められた退職金規定は効力がなくなっているだろう。」と思われるかもしれませんが、必ずしもそうとはいえない場合もあります。争いのあるところですが、協約が失効したとしても、その後も協約上の労働条件が引き続き存続すると判断される場合もありえますから、有効期限が切れている協約の内容も念のため把握しておく必要があるでしょう。

4　協約よりも就業規則のほうが有利な条件の場合

上述のとおり、原則としては不利な協約のほうが強いわけですから、それをさらに引き下げるのであれば協約の見直しが必要です。この場合は上記1の場合と同様です。

もっとも、協約の定めが最低基準を定めたものであるような場合には、有利な就業規則の規定が適用されると解されますので、就業規則の変更による引下げが必要になります。

5　従業員との個別の合意がある場合

本件とは少し別の問題になりますが、従業員との個別の合意がある場合に、その効力はどうなるかという問題があります。

まず、その従業員に適用される協約が存在する場合、集団的労使関係を規律するという協約自体の存在意義から、協約の内容と両立しえない個別合意は無効と考えられます。

次に、就業規則については、「就業規則で定める基準に達しない労働条件を

定める労働契約は、その部分については、無効とする。この場合において、無効となった部分は、就業規則で定める基準による。」（労契法12条）との規定がありますので、就業規則より不利益な個別合意がある場合はその個別合意は無効になり、就業規則どおりということになります。たとえば、就業規則で定める計算式で計算すると1,000万円の退職金を受け取れることになる従業員との間で、会社の財務状態が厳しいことを説明して本人も納得した上で退職金を500万円とする合意が成立した場合であっても、そのような就業規則よりも不利益な個別合意は無効ですので、会社としては1,000万円支払わないといけないということです（もっとも、従業員本人が500万円で納得した場合は、実際にはその後になって1,000万円を請求してくる現実的な可能性は低いでしょうから、事実上は500万円ですむ、ということもありえますが、法的リスクを抱えないためにはこうした個別合意が無効であることは理解しておく必要があるでしょう。）。逆に、就業規則よりも従業員に有利な個別合意は有効になりえます。この点は、協約より有利な個別合意も無効であることと異なる点ですので、注意が必要です。

6 有利か不利かの判断

　実際には、有利か不利かの判断が難しい場合が多くみられます。したがって、異なる内容の協約や就業規則が存在する場合は、一度専門家に規程内容を検討してもらい、従業員に適用される規定はどれか、退職金規程を変更するにはどれをどのように変更する必要があるのかについて相談されるほうがよいでしょう。

◎ 退職金制度の種類と運用リスク

Q12 退職金の制度といっても、どんな制度があるのか、それぞれのような特徴があるのかよくわかりません。概要をわかりやすく説明してほしいのですが。また、退職金の運用リスクを負わなくてすむ制度があるとも聞きました。

A12 退職金制度をいろいろな観点から分類して理解するとわかりやすいと思います。また、会社が運用リスクを負わない制度は、従業員が運用リスクを負うということですので、導入に際しては制度説明・投資教育を十分行うことが必要です。

第2部　Q&A

1　一時金方式と年金方式

　ひとくちに退職金といっても、さまざまなタイプの制度が存在します。これらを分類する切り口もいくつかありますが、まず、一時金方式と年金方式という分類の仕方があります。
　一時金方式とは、従業員の退職時に一括（ないし数回程度の分割）で退職金を支払う方式です。支払ってしまえば会社には退職金債務が残りません。
　これに対して年金方式とは、退職後の数年間ないし数十年間の長期にわたって、一定の額が支払われ続けるという方式です。
　一時金方式と年金方式というのは、退職金が支払われる期間や回数に着目した分類ということができ、これらの両方を採用している会社もあります。

2　自己完結型と外部拠出型

　これに対して、会社のみが退職金支払いに関与するタイプの制度と、外部の第三者機関が退職金支払いに関与するタイプの制度という分類の仕方もあります。前者を「自己完結型」といい、後者を「外部拠出型」といいます。
　自己完結型というのは、たとえば、会社が就業規則等に設けた退職金の規程に従って計算された退職金の額を会社が支払う、というものです。したがって従業員が退職金を請求する場合の相手方は当然会社になります。
　これに対して外部拠出型というのは、企業と第三者機関が契約を締結し、企業が第三者機関に対して事前に掛金を拠出しておき、従業員の退職後はその外部の第三者機関から従業員に退職金が支払われるというタイプのものです。中小企業退職金共済制度（中退共）、特定退職金共済制度（特退共）、税制適格退職年金、厚生年金基金といった制度が代表的です。
　これらについては、会社が第三者機関に掛金を拠出しているのですから、従業員はその第三者機関に退職金を請求すればよく、会社は掛金拠出以上の責任を負わないだろうと思われるかもしれませんが、請求の相手方がやはり会社になる場合がありますから、注意が必要です。つまり、掛金を拠出していても、何らかの事情で第三者機関が支払わないような場合には、会社が退職金を支払う義務を負う場合があるということです。

3　確定給付型と確定拠出型

　受け取れる額と掛金の額が一定か否かという観点から分類すると、確定給付型と確定拠出型に分けられます。確定給付型というのは給付額、すなわちもらえる額が確定しているということですので、予想よりも低い利回りでしか運用

第1章　総　論

できなかった場合には、企業等が不足分を填補した上で退職金を支払う必要が生じます。ひと昔前までは利回り5％以上という前提で退職金の原資を運用していた企業等が多かったのですが、現在ではそのような高利回りはとても期待できませんから、年金資金の積立不足が大問題になってしまっているのです。

　これに対して、確定拠出型というのは、拠出額、すなわち掛金の額が確定しているということですので、企業等は利回りの変動リスクを負わなくてすむという大きなメリットがあります。しかし、企業が拠出した掛金の運用責任は個々の従業員が負うことになり、従業員が運用に成功すれば多額の退職金を得ることも可能ですが、運用に失敗すれば退職金は大きく目減りする危険も孕んでいます。

4　確定拠出型の採用に際しての注意点

　企業が運用リスクを負わずにすむ制度というのは、上述のとおり、確定拠出型の退職金制度のことです。これは、利回り低下による退職金穴埋めに苦しむ企業にとって非常に魅力的な制度です。

　しかし、企業が運用リスクを負わないということは、個々の従業員がそのリスクを負うことになるわけですから、制度を導入するにあたっては、運用の素人である従業員に対して十分な投資教育を行うことが必要です。投資の知識や経験に乏しい多くの従業員は、安全性の高い預金等の金融商品に投資してしまいがちですが、そのような方法では確定給付型退職金制度の下で受け取れるはずだった退職金額に比べて大幅に減少した額しか受け取れないことになってしまいます。そうすると、現時点では確定拠出型への移行を了承した従業員も、後になって退職金を受け取る立場になったときに、「こんなはずではなかった。」「確定拠出型に移行する際にきちんと制度説明がなされていれば移行を了承しなかった。」「きちんと投資教育がなされていれば預金だけに投資することはしなかった。」といった思いを抱き、最悪の場合、「確定拠出型への制度変更は無効だから確定給付型に基づく退職金を支払え。」とか、「説明義務違反によって損害を被ったから賠償しろ。」というような訴訟を提起しないともかぎりません。いくら運用リスクは各従業員にある、自助努力だとはいっても、運用リスクを従業員に負わせる制度変更は非常に重大な変更といえますから、それに見合うだけのきめ細かな説明・教育が必須でしょう。

　さらに、老齢給付は60歳にならないと支給されません。つまり、途中で退職したとしても、確定拠出年金制度で積み立てていた部分は退職金としてすぐに

支給されず、60歳まで支給されるのを待たなければいけません。もし、転職先が確定拠出年金の制度を導入していないような場合には、個人型で加入するか、運用の指図のみをしていくことになります。また、結婚して専業主婦になってしまうと、新たに積み立てていくこともできず、原則として、60歳まで運用の指図のみをし続けなければいけません。そしていずれにしても、退職後、今まで積み立てていた資産を何の手続もせずそのまま放置してしまうと、国民年金基金連合会に自動的に移管され、事務手数料だけが差し引かれて確実に資産が目減りしていきます。

　こうした諸々の注意事項をきちんと従業員に理解させたうえで制度変更の了承を得るのはなかなか難しいことですが、大局的な見地からみれば、雇用の流動化も進んでいる現在、退職金についても各従業員が責任をもって運用管理する自覚を促していくことは悪いことではないともいえます。ぜひ、本書や専門家のアドバイスを活用しながら、従業員にとっても会社にとっても有益な制度の設計に取り組んでください。

派遣社員に対する退職金

Q13 人材派遣会社を営んでおります。派遣先から有能な人材を引き抜かれてしまうため引き抜き対抗策として退職金制度を検討していますが、実際に導入している会社はあるのでしょうか。

A13 現状では派遣労働者に対する退職金制度はあまりありませんが、退職金制度の意義をしっかり検討し、自社の派遣紹介の方法や、派遣労働者の考え方などを整理したうえで導入することが重要です。

1　派遣労働者に適用される労働条件と明示事項

　労働者派遣とは、派遣元事業主が自己の雇用する労働者を、派遣先の指揮命令を受けて、この派遣先のために労働に従事させることを業として行うことをいいます。労働者派遣に先立って、派遣元事業主と派遣先は労働者派遣契約を締結し、派遣元と派遣労働者は労働契約を締結します。

　派遣労働者は派遣元事業主に雇用されているため、派遣元事業主には労働基準法をはじめとする労働関連法令等が適用されます。退職金制度は設けなくてはならないものではありませんが、設ける場合には相対的記載事項に該当し、

定めがあれば明示しなくてはなりません（労基法15条1項、同施行規則5条）。さらにパートタイマー（短時間就労者）に退職金制度がない場合には、「ない」ことを明示する義務があります（パートタイム労働法6条1項、同施行規則2条1項）。

自社の派遣労働者に適用される就業規則および労働条件通知書などの明示方法を整備することが、労働者に誤解を与えないための最良の方策です。

2　派遣労働者の退職金制度の現状

労働者派遣は、常時雇用する労働者だけを派遣する「特定労働者派遣事業」と、登録型や臨時・日雇の労働者を派遣する「一般労働者派遣事業」の2種類に区分されます。

(1) 特定労働者派遣の場合

常時雇用する労働者を派遣する場合には、派遣するタイミングが会社の都合で決まります。あらかじめ入社のときに派遣労働者となりうることを説明しておき、そのときに合意があればよいのですが、入社後に派遣されることが決まった場合は、まず派遣労働者として働くことについて合意してもらう必要があります。派遣されることを受け入れてもらうという点から考えれば、従来退職金制度の適用対象となっていた常時雇用する労働者に対し、退職金制度から除外することや、派遣期間を退職金計算の勤続年数に算入しない、等の不利益を課すことは困難であろうと思われます。

「常時雇用する者」としては、派遣の対象であってもなくても、退職金制度等の労働条件に明らかな差をつけることは困難です。

(2) 一般労働者派遣の場合

一方、登録型等の派遣においては、先に派遣契約の需要があります。労働者は条件次第で働くことに合意し、その都度労働契約を締結します（もちろん、一定期間の雇用契約があり、複数の派遣先で順次勤務してもらうことも理論上は可能ですが、派遣先による中途解約等がない限り一般的には雇用契約期間が派遣契約期間を超えることはありません。）。

1つの労働契約が終了しても、次の労働契約が用意されているとは限らず、多くの労働者が複数の派遣会社に登録しています。

退職金制度は長期間の雇用を奨励する制度です。短い雇用期間を繰り返すことが想定される登録型等の派遣労働者に対して、退職金制度はそぐわないイメージがあり、また、実際にも派遣会社が登録型等の派遣労働者に退職金制度

第2部　Q&A

を用意している例はほとんどありません。

3　引抜き対抗策としての退職金制度

派遣先は、以下の2つの場合に、派遣労働者に対して雇用契約を申し込むよう義務付けられています。

①派遣受入期間の制限のある業務（製造業務等）について、派遣受入期間の制限への抵触日以降も、派遣労働者を使用しようとする場合（派遣法40条の4）

②派遣受入期間の制限のない業務について、同一の業務に同一の派遣労働者を、3年を超えて受け入れており、その同一の業務に新たに労働者を雇い入れようとする場合（派遣法40条の5）

上記以外にも、有能な派遣労働者に対して派遣先が雇用の申入れを行うことは日常的に行われていますが、法令の遵守や職業選択の自由を強調されると、派遣会社としてはなす術がありません。

そのような引抜きへの対抗策としての退職金制度も検討する価値はありそうです。ただし、雇用期間が短い労働者も混在している場合、どの時点をもって退職とするか、一度支給した退職者が戻ってきたらどうするのか、変動の多い時給などをどのように扱うか、などについて具体的に検討する必要があります。貢献度が評価できるものであれば、功労報奨金としての性格を強調した退職金制度も考えられます。

いずれにしろ、派遣労働者の考え方（派遣というスタイルを選択している労働者なのか、一時的に派遣を選んでいるが、直接雇用をめざしているのか）や、自社での派遣契約の運用方法（期間、紹介方法など）を整理し、自社に合った退職金制度を検討する必要があります。

定年後の再雇用制度と退職金

Q14 高年齢者雇用安定法に基づき、退職者を再雇用しましたが、会社は彼らに対しても退職金の支給義務はあるのでしょうか。

A14 会社には、再雇用された退職者に対して退職金を支払う義務が当然に生じるということはありません。

1　高年齢者雇用安定法

高年齢者雇用安定法は、継続雇用制度等の導入等による高齢者の安定した雇

用の確保の促進等を通じて、高齢者等の職業の安定その他福祉の増進を図ることを目的として定められました。この法律によって65歳までの雇用確保措置の導入が事業主に義務づけられています。具体的には、①定年の引上げ（65歳未満の定年を定めている場合）、②継続雇用制度（再雇用制度を含む）の導入（後述2参照）、③定年制度の廃止のうちのいずれかの措置を講じなければならないとされています。

このうち、②の再雇用制度を選択した会社が最も多いといわれています。

2 継続雇用制度と再雇用制度

継続雇用制度が、従来の労働条件を維持した上で雇用を継続する制度であるのに対し、再雇用制度は、新たな労働条件で雇用を継続する制度です。

再雇用後の労働条件については、高年齢者の雇用を確保するという高年齢者雇用安定法の趣旨をふまえたものであれば、最低賃金法などの雇用のルールの範囲内で労働時間、賃金、待遇などを事業主と労働者の間で自由に決めることができます。高年齢者雇用安定法は、事業主に定年退職者の希望に合致した労働条件での雇用を義務づけるものではありませんので、労働者との間で労働条件の合意が得られなければ、再雇用を拒否することになっても違法ではありません（ただし平成25年3月31日までは、再就職先の開拓等再就職援助の努力義務を負います）。また、再雇用の基準を明確にしなければなりません。そして、基準を満たしている高年齢者は、本人が希望する限り全員再雇用しなければなりません。

3 高年齢者の雇用制度と退職金

高年齢者の雇用の検討にあたっては、本来その報酬体系（賃金・賞与・退職給付）の構築が大きなポイントとなりますが、新たな労働条件により雇用を継続する再雇用の制度を会社が採用するかぎり、特に大きな不都合は生じません。そもそも会社は、退職者に退職金を支払わなければならない、という法律はないわけですから、再雇用にあたって、新たな労働条件で退職金の減額・不支給を定めればたりることになります（従業員のモチベーションが下がるおそれはあります）。具体的には、①60歳時点で金額を計算し、その時点で払ってしまう、②60歳時点で金額を計算し、金利無しで退職する時に支払う、③退職する時に勤続年数（60歳以降の勤続年数を含む）を通算して金額を計算し支払うが、60歳以上の支給率を従前より低く計算する、等の方法が考えられます。

ただ、文字どおりの継続雇用、定年延長制度、定年制度の廃止という措置を

第2部　Q&A

講じた会社にしてみれば、60歳以上においてそれ以前と同じ雇用契約（例えば正社員）が継続される場合には、退職するときにそれまでの勤続年数（60歳以降の勤続年数も含む）を通算して退職給付の付与期間と考えるべきであり、それだけに税制適格退職年金制度の廃止をにらんでの制度選択、設計は大きな課題となるといえます（たとえば、確定拠出年金（企業型年金）の加入者要件は、「60歳未満」とされています。）。

◉ パートタイマーの退職金

Q15 当社には正社員を対象とした就業規則と退職金規程があり、パートタイマーは適用対象から除外しているのですが、パートタイマーの就業規則はありません。長年勤めたパートタイマーが退職金を求めてきたのですが、支払う義務があるのでしょうか。

A15 雇用形態が異なるかぎり原則としては準用されないと考えられますが、これまでパートタイマーに退職金を支払ったことがある、正社員とまったく同じ仕事をしている、などの状況次第で支払いが必要になることがあります。まずは適用される労働条件を整理し、明示することが重要です。

1　パートタイマー就業規則の作成義務

就業規則は、常時10人以上の労働者を使用する事業場であれば、作成と届出の義務があります（労基法89条）。この10人という人数には、パートタイマーも含まれます。

とりあえず正社員の就業規則だけ作成し、就業規則の適用範囲で「パートタイマーなどは別途定める」と除外しながら、実際にはパートタイマー向けの就業規則が存在しないケースがよくあります。その場合には、作成義務がある事業場の中で適用を受けない労働者がいるため、作成義務を果たしていないこととなりますので注意が必要です。

2　パートタイマー就業規則がなかったら

では、上述のようにパートタイマーに適用されるべき就業規則および退職金規程がなかったら、どのような問題が起こるのでしょうか。法には「就業規則で定める基準に達しない労働条件を定める労働契約は、その部分については無

効とする。この場合において、無効となった部分は就業規則で定める基準による（労契法12条）」という定めがあります。パートタイマーと口頭あるいは文書で「退職金の支給はない」という労働契約を締結していたとしても、退職金支給を定めた正社員の就業規則を下回りますので、その部分が無効になり、就業規則で定める正社員の就業規則および退職金規程が適用されてしまう、という形式的な解釈も考えられないわけではありません（もっとも、退職金がない旨の合意が成立していれば、その民事上の合意まで覆して退職金を支払うべきというような適用は受けないと考えてよいでしょう。）。

3　パートタイマーに「退職金なし」を明示していなかったら

平成20年4月1日に改正パートタイム労働法が施行され、退職金や賞与、昇給分がパートタイマー（短時間就労者）に支給されないのであれば、その旨を明示しなくてはならなくなりました。しかし改正前は、退職金の明示義務は労働基準法の定めしかなく、退職金支給がある場合のみ明示義務を課せられていました。また、そもそもパートタイマーへ労働条件を書面で明示することも浸透していないのが現状でした。

労働契約締結時に、退職金の支給に関して何も定めがなく、明示もされていなければどうなるのでしょうか。

これに対しては、明文化されていなくても労働慣行として慣習となっていたものか、という観点で検討することが必要です。パートタイマーには正社員就業規則に定められた退職金を支払っておらず、そのような運用を反復し継続して慣習となっていたのであれば、それがルールとみなされることもあります。一方、これまでたびたび恩恵的にパートタイマーに退職金を支払ったケースがあれば、逆にパートタイマーに退職金を支払うことが慣習になっていたとされ、結果として今回退職金を請求してきたパートタイマーに退職金を支払わなければならない可能性があります。

いずれにしても適用の漏れがないよう、就業規則を作成し、退職金規程をパートタイマーに適用させないのであれば、その旨きちんと明記をするべきです。

4　同一職務のパートタイマーの場合

パートやアルバイトなどの非正規就業者は、昭和57年には雇用者全体の約17％だったのが、平成19年には35％超となっています（総務省　平成19年就業構造基本調査より）。人数が増えるにしたがい、従来正社員が行っていた職務を

第2部　Q&A

パートタイマー等が肩代わりするようになったと推測できます。しかし企業では、職務の変遷に伴い退職金その他の労働条件を見直すという余裕がなく、どちらかというとパートタイマーだから人件費の削減につながると認識している事業主が多くみられます。

　前述の改正パートタイム労働法では、正社員と同一の職務を行うパートタイマーに対し、パートタイマーだからという理由だけで、賃金その他すべての待遇について差別的取扱いをしてはいけないとされました（同法8条）。

　差別的取扱いをしてはならないのは以下の3つを満たしたパートタイマーです。

①業務の内容および当該業務に伴う責任の程度（職務の内容）が正社員と同じ
②期間の定めのない労働契約（反復更新によるもの含む）
③雇用期間すべてにおいて配置転換などが正社員と同一の範囲で見込まれる者

　正社員とパートタイマーが同一の職務かどうかを判断するには、クレーム処理等における責任の程度なども比較する必要があるため、表面的な仕事内容だけでは一概に同一とはいいきれませんが、法の趣旨である「均等待遇」を求める声が大きくなりつつあるのは間違いありません。

　そのようなリスクを事前にコントロールするためにも、職務に応じた雇用形態、雇用形態の違いによる労働条件を整理し、明示することが重要です。

第 2 章　不利益変更

◉ 売上の激減

Q16 最近の不況で売上が激減しました。赤字こそ免れましたが、退職金の負担が非常に重い状況です。退職金減額は可能でしょうか。

A16 単に売上が激減したというだけで退職金規定の不利益変更の合理性を基礎づけるのは困難です。経営状況を詳細に分析するなどして、現在の規定を維持したのでは企業存続が困難となることを明確にするなど、退職金規定を変更する必要性が高いことを明らかにしましょう。

1 裁判例

（1）ドラール事件（第3部判例解説⑦）

　営業利益が前期比約70パーセント減少した会社について、「相当程度の収益の悪化」と指摘し、不利益変更を行う一定の必要があったことは認めつつも、変更された退職金規定の有効性が否定された事例です。

（2）月島サマリア病院事件（第3部判例解説⑥）

　事業所得が大幅に減少したこと、人件費削減の効果が継続していないこと、銀行借入額が減少していないこと、設備投資の負担増当将来の経営に悲観的要素が増加していることなどを認定し、「被告の経営は一定程度悪化」していたことは認めつつも、「倒産の危機に瀕していたとまでは認められない」として、変更された退職金規定の有効性が否定された事例です。

（3）三協事件（東京地裁平成7年3月7日判決・労判679号78頁）

　売上高が落ち込んでいるものの、営業利益・経常利益とも上昇していることなどを認定し、変更された退職金規定の有効性が否定された事例です。

（4）幸福銀行事件（大阪地裁平成10年4月13日判決・労判744号54頁）

　人員削減、店舗の削減、役員報酬および賞与の切下げ等の対策を講じていたにもかかわらず2年連続で損失を計上せざるをえなくなったこと、退職年金は

第2部　Q&A

その受給者の増加により年々支払総額が急増し、経営を圧迫することが確実に予想されたことなどが認定され、退職年金の減額措置の有効性が認められた事例です。

2　不利益変更にあたって

1に挙げた裁判例から、売上が激減したからといってただちに退職金規定の不利益変更の有効性が認められるわけでないことは明らかです。

すなわち、退職金規定の不利益変更の有効性についての裁判所の基本的な判断枠組みは、①変更の必要性、②変更の相当性、③適正手続を総合考慮するというものであり、売上が激減したとの事実は、①変更の必要性を考慮する際のひとつの事情にすぎないわけです。

当然のことながら、売上の激減とひとくちにいっても、会社経営に与える影響はケースバイケースです。

売上高の3分の2を占める大口取引先の倒産に伴う退職金規定の不利益変更が問題となった事案において、「倒産回避のための措置として講じられたものである」などとして変更後の規定の有効性を認めた裁判例が存在すること（中谷倉庫事件・第3部判例解説⑨）や、上掲1（2）の裁判例が「倒産の危機に瀕していたとまでは認められない」として変更後の規定の有効性を否定していることなどからすると、経営状況の分析の結果、売上の激減により、現在の退職金規定を維持した場合には倒産の危険があることが明らかとなれば、不利益変更の有効性を肯定する有力な材料となるといえます。

そのため、まずは、経営状況をよく分析し、売上の減少が会社経営にどの程度影響を及ぼすのかを明確にすることが必要です。

◉ 退職金に充てる資金の枯渇

Q17 退職金に充てる資金が枯渇しています。退職金減額は可能でしょうか。

A17 退職金に充てる資金が完全に枯渇していることが明確であれば、退職金の減額が比較的認められやすくなるといえるでしょうが、退職金に充てる資金が不足しているというにとどまる場合であれば、慎重な検討が必要です。

第2章　不利益変更

1　裁判例
（1）名古屋国際芸術文化交流財団事件（名古屋地裁平成16年4月23日判決・労判877号62頁）

　数年間赤字経営が継続していたほか、次期繰越金減少により資金枯渇が予想される状況にあるなどの事情が認められた事例ですが、支出総額における人件費の割合が3パーセント程度にすぎず、そもそも、退職金規定を変更する「差し迫った必要性はない」と認定されたうえで、変更後の規定の有効性が否定されました。

（2）中谷倉庫事件（第3部判例解説⑨）

　売上高の3分の2を占める大口取引先の倒産に伴って行われた退職金規定の不利益変更の効力が争われた事例です。

　退職金規定の不利益変更は、売上高の3分の2を占める大口取引先の倒産に伴い売上が激減することになった結果、倒産回避のための措置として講じられたものであること、そもそも、退職金の支払原資がないことなどが認定され、変更後の規定の有効性が認められました。

（3）名古屋学院事件（第3部判例解説④）

　学校法人が採用していた独自の退職年金制度について、その廃止を内容とする変更後の就業規則の効力が争われた事案です。

　独自の年金制度をそのまま存続させると、学校法人の経常会計から年金基金に毎年補てんをしなければならなくなることが明らかであること、独自の年金制度を維持できるような財政状態ではなかったことなどが認定され、変更後の規定の有効性が認められました。

2　不利益変更にあたって

　退職金の積立不足の問題は、現在、多くの企業が抱えている問題です。

　1に挙げたとおり、退職金に充てる資金が完全に枯渇していることが明確な事例であれば、不利益変更の有効性が比較的認められやすいといえるようです。

　問題は、退職金に充てる資金が完全に枯渇しているとまではいえないものの、資金が不足しているという場合でしょう。

　この場合は、必要性、相当性、適正手続を総合考慮するという不利益変更にかかる一般的な判断枠組みにおいて判断することになるでしょう。

　一般に、資金不足という事情は、不利益変更の必要性を基礎づけるひとつの

第2部　Q&A

事情になりえますが、問題は、どの程度資金が不足しているかです。

　今後の退職者数等から不足する金額を正確に算出し、まずは、どの程度資金が不足するのか、換言すれば、どの程度不利益変更の必要性があるのかを把握しましょう。

　そのうえで、相当性、適正手続の観点から、不利益変更の具体的内容、方法について吟味をしていく必要があります。

◉ 成果主義移行に伴う退職金の減額

Q18 成果主義移行に伴い従業員の一部への退職金支給額が減額してしまいます。考え方と対処法は？

A18 この場合も退職金の不利益変更の問題が生じますので、必要性、相当性、適正手続の観点から変更後の規定の合理性を吟味する必要があります。

1　考え方

（1）成果主義への移行

　昨今、これまでの年功的な人事・賃金制度を一新し、成果主義的な賃金制度を導入する企業が増加しています。

　成果主義を導入した場合、当然ですが、賃金が増える労働者と減る労働者が出てくることとなり、これに伴い、退職金支給額が増える労働者と減る労働者が出てくることとなります。

（2）成果主義移行に伴う退職金支給額の減額の有効性

　この点について直接的に言及した裁判例はいまのところみあたりませんが、成果主義導入に伴う賃金の減額について判示した裁判例は複数存在します。

　なかでも、賃金規定の変更について必要性、合理性を認めたノイズ研究所事件（東京地裁平成18年6月22日判決・労判920号5頁）における判示は、成果主義移行に伴う退職金規定の不利益変更の有効性を考える際のひとつの指針となるでしょう。

　ノイズ研究所事件判決は、まず、就業規則の不利益変更の有効性について、必要性、相当性、適正手続の観点から総合考慮するという従来の判断枠組みを確認しています。

第2章　不利益変更

そのうえで、成果主義導入による賃金規定の不利益変更について、「主力商品の競争が激化した経営状況の中で、従業員の労働生産性を高めて競争力を強化する高度の必要性があった」、「新賃金制度は、（会社にとって）重要な職務により有能な人材を投入するために、従業員に対して従事する職務の重要性の程度に応じた処遇を行うこととするものであり、従業員に対して支給する賃金原資総額を減少させるものではなく、賃金原資の配分の仕方をより合理的なものに改めようとするものであって、新賃金制度は、個々の従業員の賃金額を、当該従業員に与えられる職務の内容と当該従業員の業績、能力の評価に基づいて決定する格付けとによって決定するものであり、どの従業員にも自己研鑽による職務遂行能力等の向上により昇格し、昇給することができるという平等な機会を保障しており、かつ、人事評価制度についても最低限度必要とされる程度の合理性を肯定し得るものであることからすれば、上記の必要性に見合ったものとして相当である」と判示しています。

2　対処法

1に記載したノイズ研究所事件判決の考え方は、成果主義移行に伴う退職金規定の不利益変更の有効性判断についても妥当すると考えられます。

すなわち、まず、当該企業の経営環境、経営状況等から、成果主義移行の必要性、すなわち退職金規定の不利益変更の必要性が高いことを明らかにする必要があります。

その上で、制度設計上すべての従業員に昇給の機会が平等に与えられているか、人事評価制度について合理性が認められるかなど、退職金規定の不利益変更の相当性をチェックし、また、従業員の納得を得るべくいかに努力をしていくか（適正手続）についても、チェックをしていくことになります。

◎ 赤字経営に転落してしまった場合

Q19 当社は今期から赤字経営に陥ってしまいました。退職金の減額は可能でしょうか。

A19 経営が赤字に転落してしまったという事情は、退職金規定の不利益変更の合理性を基礎づける事情のひとつになりますが、今後の業績回復の可能性も認められる以上、ただちに不利益変更の必要性を満

第2部　Q&A

たすと考えるのは問題です。

1　裁判例（日刊工業新聞社事件・東京高裁平成20年2月13日判決）

本事件は、退職金規定の変更により退職金の50パーセントが削減され、従業員の被る不利益が相当程度におよぶ事案でしたが、赤字が複数期にわたって継続して債務超過に転落するなど経営状況が低迷を続けていること、国内・国外の支局の閉鎖、希望退職募集による人件費削減、土曜休刊による経費削減等の対策を講じたものの経営状況の改善はみられず債務超過の状態が継続していることなどから、抜本的な経営の再建をする以外に倒産を回避する方策はない状態にあることを認め、変更の必要性は「極めて重大」であるとして、変更後の退職金規定の有効性を認めました。

2　変更にあたって

1に記載した裁判例は、赤字が複数期にわたって継続して債務超過に転落し、抜本的な経営の再建をする以外に倒産を回避する方策はないと認められるほどに、経営状況が悪化した事例における判断を示したものであり、その判断を安易に一般化するのは危険です。

売上高の3分の2を占める大口取引先の倒産に伴う退職金規定の不利益変更が問題となった事案において、「倒産回避のための措置として講じられたものである」などとして変更後の規定の有効性を認めた裁判例が存在すること（中谷倉庫事件（第3部判例解説⑨））や、「倒産の危機に瀕していたとまでは認められない」として変更後の規定の有効性を否定した裁判例が存在すること（月島サマリア病院事件（第3部判例解説⑥））などからすると、裁判例においては、現在の退職金規定を維持した場合には倒産の危険があるといえる場合には、退職金規定の不利益変更の有効性を認める傾向にあるといえます。

このような裁判例の傾向からすれば、単に赤字を計上したというだけでは、今後の業績回復の可能性もあるのであって、ただちに不利益変更の必要性を満たすと考えるのは問題があります。

一方、複数年度赤字が継続して債務超過に転落しているなどの事情があり、現在の退職金規定を維持した場合には倒産の危険があることが明らかとなれば、変更後の規定の合理性を肯定する有力な材料となるといえます。

なお、1に記載した裁判例は、「極めて重大」な変更の必要性があったことを認めるにつき、退職金規定の不利益変更以外の経費削減の努力をしたこと、

それにもかかわらず経営状況の改善がみられなかったことを指摘しており、このような指摘は、退職金規定の不利益変更を行うに際し、ひとつの判断指針を示すものといえそうです。

業績不振とはいえない会社における退職金減額

Q20 会社の業績は悪くないのですが、退職金の減額が認められる余地はないのでしょうか。

A20 一般論としては、退職金規定の不利益変更の有効要件である必要性が認められるのは、現在の規定を維持したのでは企業存続が困難である場合などであって、業績が悪くない会社において、不利益変更の必要性が認められるケースは限定的であるといえます。ただ、不利益変更の必要性を基礎づける具体的事情の如何によっては、必要性の要件を満たすと認められるケースもあるので、なぜ退職金規定の不利益変更を行う必要があるのかをまずは明確にしましょう。

1 裁判例にあらわれたケース

（1）従業員の勤労意欲を向上させるための規定変更

　従業員の勤労意欲を向上させるために給与規定を変更するとともに退職金規定を変更したところ、変更後の退職金規定の有効性が問題となった事例として、空港環境整備協会事件（第3部判例解説③）が挙げられます。

　上記事件においては、改正前の給与体系は給与が低いのに比べ退職手当が高く、制度としてバランスを欠いていたこと、給与・退職手当を含めて勤労意欲を向上させるようなバランスのよい給与制度とする必要性があることを認めた上で、従業員の被る不利益もそれほど大きくないことなども考慮しつつ、変更後の規定の有効性を認めました。

（2）従業員の出向先の労働条件とのバランスを調整するための規定変更

　従業員の出向を円滑にすすめるため、出向元の労働条件と出向先の労働条件のバランスをとるべく、退職金規定の不利益変更を行ったところ、その有効性が問題となった事例として、アスカ事件（第3部判例解説⑤）を挙げることができます。

　上記事件においては、「従業員にその退職金の従来の約3分の2ないし約2

分の1に減少させることを法的に受忍させることを許容できるだけの高度の必要性」は認められないとして、変更後の規定の効力が否定されました。
（3）合併に伴い当事会社間の退職金水準を調整するための規定変更

　複数の農協が合併して新たな農協を設立し、新たな退職金規定をもうけたところ、一部従業員との関係で合併前の退職金規定とくらべ新たな規定が不利益となることから、その有効性が争われた事例として、大曲農協事件（第3部判例解説①）が挙げられます。

　上記事件においては、合併した場合には、労働条件の統一的画一的処理の要請から単一の就業規則を作成、適用する必要性が高いこと、農協中央会による合併前の退職金の支給格差是正のための指導・勧告に従わなかったために格差が生じており、かかる格差を放置すると人事管理の面で著しい支障が生ずることなどを指摘し、変更の必要性を認め、相当性、適正手続の観点からも検討を加えた上で、変更後の規定の有効性が肯定されました。

（4）定年延長制度の導入に伴う規定の変更

　定年延長制度（定年を57歳から60歳に引上げ）の導入に伴い、55歳に達した事務職について専任職に転換・賃金の引下げ等を内容とする人事制度、賃金制度の変更が行われ、その結果、退職金額が減少した場合において、変更後の退職金規定の効力が争われた事例として、兼松事件（東京地裁平成15年11月5日判決）が挙げられます。

　上記事件においては、定年延長という社会的要請に応じる必要があったこと、一般に、定年延長は、年功賃金による人件費の負担増加を伴い、企業活力を低下させる要因ともなるから、定年延長に伴う人件費の増大、人事の停滞等を抑止する経営上の必要があることを指摘し、変更の必要性を認め、相当性、適正手続の観点からも検討を加えた上で、変更後の規定の有効性が肯定されました。

2　不利益変更にあたって

　会社の業績は悪くない、しかし退職金規定の不利益変更を行いたいというニーズはまさに多種多様でしょうが、実際に裁判例で問題となった事例は限定的で、変更を行うには相当程度リスクを伴うといわざるをえないところがあります。

　紛争を防止するためには、将来的な経営ビジョンとの関係で、なぜいま退職金規定の変更を行う必要があるのかをよく吟味しつつ、従業員におよぼす不利益をいかに最小限に抑えるか（相当性）、いかに従業員の納得を得るべく努力をするか（適正手続）について、専門家とよく相談しながら進めることが必要

第2章 不利益変更

借入金返済資金確保のための減額

Q21 従業員に対しこれまでどおりに退職金を支払わなければならないとすると借入金の返済ができなくなりそうです。退職金減額は可能でしょうか。

A21 事業所得額と借入額の対比などから、借入金の返済が困難となっていることが客観的に明らかであれば、不利益変更について一定の必要性があることは認められると考えられます。ただ、倒産の危機に瀕しているとまではいえないのであれば、より慎重に、相当性、適正手続の観点から問題がないかを吟味すべきです。

1 裁判例（月島サマリア病院事件（第3部判例解説⑥））

所得が大幅に減少したこと、人件費削減の効果が継続していないこと、設備投資の負担増等将来の経営に悲観的要素が増加していることのほか、事業所得360万円に対し銀行借入額が9億円超であり、会社が借入金の返済に苦しんでいたことなどを認定し、「経営は一定程度悪化」していたことは認めつつも、「倒産の危機に瀕していたとまでは認められない」として、変更された退職金規定の有効性が否定された事例です。

2 不利益変更にあたって

1に記載した裁判例の事案は、事業所得額に比して銀行借入額が膨大であり、借入金の返済に窮していたといえる事案ですが、裁判所は、「倒産の危機に瀕していたとまでは認められない」として、変更された退職金規定の有効性を否定しました。

他方、従前の退職金規定を維持した場合には、「経営を圧迫することが確実に予想された」ことなどが認定され、退職年金の減額措置の有効性が認められた事例（幸福銀行事件・大阪地裁平成10年4月13日判決・労判744号54頁）もあります。

後者の事例における判断は、「倒産の危機に瀕していた」とまでは認定しなかったものの、結論としては、退職金規定の不利益変更の有効性を認めたものであって、1の裁判例との関係をどう考えるかが問題となります。

第2部　Q&A

　この点については、必要性、相当性、適正手続という基本的な判断枠組みに立ち返って考えるべきでしょう。
　すなわち、1の裁判例は、退職金支給額を47パーセント減額するという内容であり、しかも、従業員全員に対して直接説明していないなど、相当性、適正手続の観点から相当問題のあった事案についての判断です。
　仮に、1の裁判例の事案において、相当性、適正手続の点に十分な考慮をしつつ規定を変更したという事情があったとすれば、異なる結論となっていた可能性も十分あります。
　すなわち、借入金の返済に窮しているような事情があり、退職金規定の不利益変更を行う一定の必要性がある場合には、相当性、適正手続に十分に配慮して規定の変更を行えば、その有効性が認められる可能性も相当程度あるものと考えられます。

◎ 大口取引先の倒産

Q22　大口取引先が倒産してしまいました。このような場合でも退職金を減額することは認められないのでしょうか。

A22　大口取引先の倒産といっても、会社の経営に与える影響は千差万別です。会社の経営内容、当該取引先との取引の経緯、内容、今後の会社経営に与える影響等を明確にし、退職金規定を変更する必要性が高いことを明らかにする必要があります。

1　裁判例（中谷倉庫事件（第3部判例解説⑨））

　売上高の3分の2を占める大口取引先の倒産に伴って行われた退職金規定の不利益変更の効力が争われた事例です。
　退職金規定の不利益変更は、売上高の3分の2を占める大口取引先の倒産に伴い売上が激減することになった結果、倒産回避のための措置として講じられたものであること、そもそも、退職金の支払原資がないことなどが認定され、変更後の規定の有効性が認められました。

2　不利益変更にあたって

　1に記載した裁判例は、売上高の3分の2を占める取引先が倒産し、倒産回避のための措置として退職金規定の不利益変更が行われたという事案に対する

判断を示したものですので、これを安易に一般化するのは危険です。

まず、当然ですが、大口取引先といっても、会社の売上高のうち、どのくらいの割合を占める取引先なのかが重要な判断要素となります。

また、売上高の相当な割合を占める取引先が倒産したとすれば、一般に、会社の経営に重大な影響を及ぼすでしょうから、不利益変更の必要性が認められやすくなるとはいえるでしょう。

しかし、「倒産の危機に瀕していたとまでは認められない」として変更後の規定の有効性を否定した裁判例が存在するなど（月島サマリア病院事件（第3部判例解説⑥））、倒産の危機に瀕していたかどうかがひとつの判断材料となるところ、大口取引先の倒産が倒産の危機に直結するとまではいいがたいところがあります。

そのため、大口取引先が倒産したことに加え、倒産の危険があることを合理的に説明できるかどうか吟味した上で規定の変更を行うのが安全であると考えられます。

大口取引先の倒産による倒産の危険の有無の判断については、会社の経営内容、当該取引先との取引の経緯、内容等を十分に検討し、当該取引先との取引が今後成立しなかった場合に、他の取引先との取引等でこれをまかなうことが現実的に困難なものかどうかという視点は必須でしょう。

更生会社における退職金の減額

Q23 会社更生の申立てを検討していますが、会社更生手続に入った更生会社は、退職金の減額は可能でしょうか。

A23 更生会社の退職金減額の有効性については、必要性・相当性・適正手続の観点から判断されることになりますが、退職金の減額を行わなければ更生会社が破産してしまうおそれの有無や、破産に移行した場合に従業員に与える影響が、有効性の判断に際して重要な要素になるでしょう。

1 更生会社における退職金減額について

(1) 問題点

会社更生手続に入った更生会社にとっては、従前の退職金の内容を維持する

第2部　Q&A

のが大きな財政的負担となることが多く、多額の退職金の負担が資金繰りの悪化を招き、破産を余儀なくされることもあり、この結果、かえって従業員に、より大きな不利益をもたらすこともありえます。では、どのような場合に、更生会社が退職金の減額を行うことができるのでしょうか。

（2）退職金の不利益変更の一般的な要件

退職金の不利益変更に関する各裁判例は、退職金の不利益変更について、高度の必要性に基づいた合理的な内容であることが必要であるとし、高度の必要性に基づいた合理的な内容のものであるか否かについては、①必要性②相当性③適正手続という観点から判断をしています。そして、更生会社が退職金の減額を行う場合においても、その有効性については、上記の要件を総合的に考慮して判断されることになると思われます。

2　更生会社における退職金不利益変更の裁判例

更生会社による退職金の不利益変更が問題となった裁判例として、更生会社新潟鐵工所（退職金第1）事件（第3部判例解説⑧）があります。

この裁判例は、就業規則の退職金規定を改定し、退職金支給率を一律に旧規則の20％にしたことについて、その有効性が争われた事案です。

裁判例は、退職金減額についての必要性・相当性・適正手続の観点から検討を行い、

①必要性として、退職金支給基準を切り下げなければ、更生計画が実現できず、破産手続に移行せざるをえない状況であったこと、破産の場合には、主要財産が担保権者への弁済に供されることになり、退職金の原資はほとんど確保できないこと

②相当性として、別途、従業員に退職加算金が支払われており、不利益の程度が緩和されていること

③適正手続として、全従業員の70％を組織する労働組合との交渉・合意を経た労働協約が存在すること、組合員・非組合員に対して連日質疑応答・説明を行ったこと

等の事情を考慮して、退職金不利益変更の有効性を肯定しました。

3　結論

上記裁判例にみるように、更生会社における退職金減額の有効性については、その必要性・相当性・適正手続の観点から判断するという点では、一般的な退職金減額の有効性の判断の場合と相違ありませんが、更生会社における退職金

減額の場合には、
- 退職金の減額を行わない場合に、当該更生会社が破産してしまうおそれの有無
- 破産に移行した場合に従業員に与える影響（退職金原資の確保の有無等）

が、有効性を判断する際の重要な要素となるでしょう。

退職年金の不利益変更

Q24 退職年金の支給額が年々増加し、負担になっています。退職年金の改定（不利益変更）は可能でしょうか。

A24 退職年金の改定も退職金制度の変更と同様に、不利益変更の法理が適用され、必要性・合理性を欠く退職年金の不利益変更は無効となってしまいますので、注意が必要です。

1 退職年金の不利益変更について

退職年金制度を維持している会社においては、受給者の増加によって支払総額が年々増加し、大きな負担となる場合があります。このような場合、会社としては、退職年金制度を改定する必要に迫られることになりますが、どのような場合に、退職年金の改定（不利益変更）が有効と認められるのかが問題となります。

この点については、退職年金は、恩恵的な側面を有するという一面はあるものの、あくまでも労働契約の内容となっている権利であることから、労働者には年金受給権という権利が保障されます。そこで、退職年金の改定（不利益変更）については、退職金と同様に、不利益変更の法理が適用され、当該不利益変更が高度の必要性に基づいた合理的な内容であることが必要であるとされ、この要件を満たさない場合は、退職年金の不利益変更は無効となります。

2 退職年金の不利益変更の裁判例

退職年金の不利益変更が問題となった裁判例として、名古屋学院事件（第3部判例解説④）があります。

この裁判例は、独自の退職年金制度を就業規則上の制度として位置付けていた学校法人が当該退職年金制度を廃止したことにつき、職員がその有効性を争い、退職年金を受給しうる地位にあることの確認を求めた事案です。

第2部　Q&A

　裁判例は、退職年金の不利益変更について、退職金と同様、高度の必要性に基づいた合理的な内容であることが必要であるとして、必要性・相当性・適正手続の観点から検討しています。そして、
① 必要性として、当該年金制度をそのまま存続させると、学校法人の会計から年金基金に毎年補填をしなければならなくなることが明らかであったこと
② 相当性として、代償措置として退職金制度の改正、非常勤講師としての再雇用制度の新設が行われたこと
③ 適正手続として、年金制度の廃止を決議するまでに、年金・退職金基金管理委員会における審理や各組合との間における団体交渉を重ねるなどしてきたこと
等の事情を考慮して、退職年金の不利益変更の有効性を肯定しました。

3　結　論

　上記裁判例にみるように、退職年金の改定も退職金制度の変更と同様に不利益変更の法理が適用され、高度の必要性に基づいた合理的な内容であることが必要とされます。そして、高度の必要性に基づいた合理的な内容であるか否かの判断においては、退職年金変更の必要性・相当性・適正手続という観点から総合的に検討されることになると考えられます。

◉ 合併に伴う退職金水準の変更

Q25　合併にあたり各社間の退職金水準を調整したいのですが、どのような点に注意すべきでしょうか。

A25　単に、「合併に伴う労働条件の統一的画一的な処理の要請」という一般的な必要性のみでは、必ずしも、退職金の不利益変更における必要性の要件を満たすとは限りませんので、注意が必要です。

1　問題点

　近年、目まぐるしい組織再編の中で、企業間における合併が頻繁に行われるようになりました。合併においては、当事会社間の合併比率等、対外的な調整に目がいきがちですが、合併を行う各社にとっては、対内的な調整、すなわち従業員の待遇の調整も重要な点です。その一つが、各社の従業員の退職金水準の調整という問題です。

退職金制度は、各企業がその自主的な判断において任意に設ける制度であり、制度の内容は各企業によってさまざまであるため、合併を行う際に各社の従業員の待遇を統一するとなると、従前の従業員の退職金水準の不利益変更につながることもあり、その有効性が問題となります。

2 退職金の不利益変更について

一般的に、退職金の不利益変更が認められるためには、高度の必要性に基づいた合理的な内容であることが必要であり、高度の必要性に基づいた合理的な内容のものであるか否かについては、①必要性②相当性③適正手続という観点から判断がなされることになります。そして、合併に際して各社の従業員の退職金規定を調整するための退職金不利益変更については、主として、①必要性の要件が問題となります。

3 注意点

この点、農業協同組合の合併に際して新たに作成された退職金規定が、旧組合の退職金制度の内容を不利益に変更するものであるとして、新しい退職金規定の有効性が争われた事件（大曲農協事件（第3部判例解説①））においては、「労働条件の統一的・画一的処理の要請」から、従業員相互間の格差を是正して単一の就業規則を作成しなければならないという事情を必要性の要素として挙げています。

しかしながら、ここで注意すべきなのは、「労働条件を統一的・画一的に処理するため」という一般的な必要性のみでは、必ずしも、不利益変更の要件である「高度の必要性」を満たすとは限らず、労働条件の統一的・画一的処理という要請に加えて、必要性を基礎づける事情がほかに要求される可能性があるという点です。

上記大曲農協事件判決は、労働条件の統一的・画一的な処理を図るという事情のみならず、原告らが所属していた旧農協のみが県農業協同組合中央会の退職金支給倍率適正化の指導・勧告に従わなかったために、他の農協との間に退職金水準の格差が生じていたのであって、各農協の合併にあたり、その格差を是正せずに放置すれば、合併後の農協の人事管理の面で著しい支障が生じることになるという事情を別途、必要性の事情として認定しています。

上記判決にみるように、単に労働条件の統一的・画一的処理という要請のみで退職金の不利益変更を行った場合は、のちに、不利益変更の効力を否定されるリスクが残るといえますので、注意が必要です。

第2部　Q&A

また、当然のことですが、合併に伴う各社従業員の退職金水準調整について必要性が認められる場合でも、別途、合理性及び適正手続の観点から十分に吟味が行われなければならない点には留意が必要です。

◉ 給与体系整理の一環としての退職金減額

Q26 従来の給与体系を整理するにあたり、退職金の減額を実施したいのですが、注意点を教えてください。

A26 給与体系の整理の一環として行われる退職金規定の減額については、あくまでも、給与体系の変更内容を考慮したうえで決定する必要がある点に注意しましょう。給与体系の変更によりほとんど給与額が増額していないのに、その一環として大幅な退職金減額をしたような場合、のちに減額の効力が否定されるリスクが残ることになるでしょう。

1　給与体系整理の一環としての退職金減額

（1）問題点

　会社が従来の給与体系の整理を行うことによって従業員の給与が増額されたような場合、退職金規定を変更せずにそのままにしておくと、増額された給与に基づき退職金の金額が算定されることにより、会社の負担が著しく大きくなってしまう場合があります。この場合に、給与体系の整理に合わせて、退職金規定の変更を行うことができるのかが問題となります。

（2）退職金の不利益変更の一般的な要件

　退職金の不利益変更に関する各裁判例は、基本的に、退職金の不利益変更について、高度の必要性に基づいた合理的な内容であることが必要であるとし、高度の必要性に基づいた合理的な内容のものであるか否かについては、①必要性②相当性③適正手続という観点から判断をしています。そして、給与体系整理の一環としての退職金規定の変更の有効性についても、上記の観点を総合的に考慮して判断されることになると思われます。

2　給与体制整理の一環としての退職金規定の変更が問題となった裁判例

　給与制度整理の一環としての退職金規定の変更が問題となった裁判例として、空港環境整備協会事件（第3部判例解説③）があります。

この裁判例は、給与体系整理の一環として退職金規程を改正し、勤続期間にその期間に対応する割合を乗じるというこれまでの計算方法から、勤続期間を複数に区分し、各区分毎に異なる割合を乗じて金額を算定し、各区分において算定された額を合計するという計算方法に変更したことについて、その有効性が争われたものです。

　裁判例は、本件退職金変更が給与制度改正の一環として給与・諸手当等の改正と一体をなすものとして実施されたものであるとしたうえで、①従前の退職手当の支給割合がきわめて高水準であることから、算定方式を従来のままにして給与・諸手当を増額すると、もともと高水準であった退職金規程が不当なまでに拡大してしまうため、給与体系改正の一環として退職金規程の変更も必要不可欠であったこと②給与規程改正により給与自体が大幅に増額されたため、新たな算定方式によって計算される退職金の金額は見かけほど低下しないこと等の事情を考慮して、退職金不利益変更の有効性を肯定しました。

3　注意点

　上記の裁判例からみると、給与体系の整理の一環として行われる退職金規程の変更（減額）内容については、あくまでも、給与体系の変更内容を考慮したうえで決定する必要がある点に注意すべきだといえます。たとえば、給与体系の変更によりほとんど給与が増えていないのに、その一環として大幅な退職金減額を実施すると、のちに減額の効力が否定されるリスクが残ることになるでしょう。

倒産回避目的による退職金の不利益変更

Q27 退職金を減額しないと倒産の危機に陥る状況です。退職金制度を減額できるでしょうか。

A27 一般的には、倒産回避目的で行われる退職金の不利益変更は、通常の場合における退職金の不利益変更よりも必要性が高く認められやすいといえます。退職金減額の有効性の判断においては、倒産した場合に従業員に与える影響（倒産した場合の従業員の地位や退職金の帰趨など）が重要な判断要素となるでしょう。

第2部　Q&A

1　倒産回避目的による退職金不利益変更

（1）問題点

　会社が退職金の不利益変更を行うに至る背景はさまざまですが、その中には、資金繰りがきわめて逼迫しており、退職金制度を廃止しなければ倒産の危機に陥ってしまうような、進退きわまる状態におかれている場合もあります。この場合、当該会社が、退職金の廃止等の不利益変更を行うことができるのかが問題となります。

（2）退職金の不利益変更の一般的な要件

　（就業規則の変更による）退職金の不利益変更に関する各裁判例は、退職金の不利益変更について、高度の必要性に基づいた合理的な内容であることが必要であるとし、高度の必要性に基づいた合理的な内容のものであるか否かについては、①必要性②相当性③適正手続という観点から判断をしています。

　そして、倒産回避目的の退職金の不利益変更であることのみをもって、一般の退職金不利益変更の場合と異なる基準が採用されるわけではなく、あくまでも、上記の要件を総合考慮したうえで、その有効性が判断されることになると思われます。

2　倒産回避目的の退職金不利益変更の裁判例

　倒産回避目的で行われた退職金の不利益変更が問題となった裁判例として、日刊工業新聞社事件（東京地裁平成20年2月13日判決）があります。

　この裁判例は、倒産の危機に瀕した会社が倒産を回避するために、その再建策として退職金規程を改定し、退職金支給率を50％削減したことについて、その有効性が争われた事案です。

　裁判例は、退職金減額についての必要性・相当性・適正手続の観点から検討しています。そして、本件退職金の改定が50％削減という不利益性が強いものである旨を指摘しつつも、

①必要性として、本件退職金の改定が、会社の倒産回避という切迫した事情のもとにされたものであること、これが行われずに倒産に至った場合には、従業員は、破産による清算により少額の配当を受けるにとどまるばかりか、職を失うおそれがあったこと

②相当性として、会社の再建計画が第三者の意見も聴いて作成された合理性を有する内容のものであること

③適正手続として、労働組合をはじめ、他の従業員は、改定に積極的に反対す

るものとは認められないこと

等の事情を考慮して、退職金不利益変更の有効性を肯定しました。

3 結論

上記の裁判例からみると、会社が倒産の危機に瀕しており、退職金減額の目的が倒産回避目的であるという事情は、不利益変更の必要性の要件の判断において、大きく有利に働くものといえます。そして、退職金減額の有効性の判断においては、会社が倒産してしまった場合に従業員に与える影響（従業員としての地位や退職金の帰趨等）が重要な判断要素となると考えられます。

◉ 退職金の減額・廃止の際の代替方策

Q28 退職金の減額・廃止を行う場合、その代替措置として検討すべき方策を教えてください。

A28 定年後における継続雇用（定年制度の延長・廃止、嘱託制度等を活用した再雇用制度）の内容を充実させることは、退職金の減額・廃止を行う場合における代替方策の一つとして検討すべきであるといえます。また、従業員のその他の諸待遇（給与・休日・休暇・諸手当等）を改善することも、代替措置として検討すべき方策です。その他、再就職支援金の支給等、再就職支援制度の策定を行うこと、退職金の減額・廃止について経過措置を設けることなどがあります。

1 退職金の不利益変更と代替方策

退職金の減額・廃止を行う場合は、これにより不利益を受ける従業員に配慮して、別の代替方策（いわゆる代償措置）を講じることにより、退職金の減額が従業員に与える影響を緩和することを検討すべきであるといえます。

一般的に、退職金の不利益変更の有効性が認められるためには、高度の必要性に基づいた合理的な内容であることが必要であり、高度の必要性に基づいた合理的な内容のものであるか否かについては、退職金の不利益変更の①必要性②相当性③適正手続という観点から判断がなされることになります。

そして、退職金の減額・廃止に代わる有効な代償措置が講じられているか否かは、上記のうち②相当性の判断において重要な要素の一つとなりますので、多額の退職金減額や廃止を行うことを予定しているような場合においては、当

該不利益変更の有効性を担保すべく、別途有効な代替方策を講ずることを検討すべきであるといえます。

2　退職金減額・廃止に代わる代替方策

退職金減額・廃止に代わる代替方策としては、以下のものが考えられます。

（1）定年後における継続雇用の内容を充実させること

退職金は、従業員の老後における一定の生活保障という性質を有していますので、退職金の減額・廃止を行う場合には、この点に配慮する必要があります。この観点から、退職金減額・廃止の代替方策として考えられるのは、従業員の定年後における継続雇用の内容を充実させることです。具体的には、定年制度の延長・廃止や再雇用制度の内容を充実させるといった方策があります（なお、高年齢者雇用安定法は、定年制度を採用している会社に①当該定年の引上げ②継続雇用制度の導入③当該定年の定めの廃止のいずれかの措置をとることを義務付けています。）。

この点、大曲農協事件（第3部判例解説①）は、農協が退職金を減額した一方で男女の従業員の定年を延長したことを、農協側に有利な事情として認定しています。

また、名古屋学院事件（第3部判例解説④）は、学校法人が退職年金を廃止した一方で、非常勤講師としての再雇用制度を新設したことを、学校法人側に有利な事情として認定しています。

（2）従業員の諸待遇（給与・休日・休暇・諸手当等）を改善すること

退職金の減額・廃止に対する代替措置として、退職金の他の諸待遇を改善することも考えられます。

前記大曲農協事件判決は、退職金が減額される一方で、休日・休暇・諸手当・旅費等の面において従前よりも有利な取扱いを受けるようになったことを、農協側に有利な事情として認定しています。

（3）その他

その他の代替方策としては、再就職支援金の支給等、再就職支援制度の策定を行うこと、退職金の減額・廃止について経過措置を設けることなどが考えられます。

退職金水準の調整

Q29 同業他社と比べて退職金が高額です。他社と同等まで減額したいのですが、認められますか。公務員と同水準にまで削減する場合はどうでしょうか。

A29 減額後の支給額が同業他社や公務員と同水準であることは、改定後の退職金規程が合理的なものであることの1つの根拠として、会社側に有利な事情といえます。しかし、減額後の退職金規程が相当であることの決め手になる事実とまではいえないと考えるべきでしょう。また、退職金の水準をどのように比較するのか、その方法や対象については注意が必要です。

1 同業他社との退職金水準の調整

　減額改定後の退職金が同業他社と同水準であることは、比較の方法や対象が適切である限り、相当性において会社に有利に働く事情と考えられています。

　たとえば、アスカ事件（第3部判例解説⑤）は、改定後の退職金規程が、当該会社の出向先の会社及びその関連会社の従業員の退職金や日本経営者団体連合会の退職金調査による全産業平均（規模100人未満）の支給額と比べるとほぼ同じ水準にあるといえるものであったという点を指摘し、退職金の減額改定を実施した会社に有利な事情としています。

　しかし、同判決は、そもそも退職金の減額改定を実施した主な目的が、連結決算の対象となった会社またはその関連会社への出向を円滑に進めるために、出向先との労働条件のバランスをとる必要が生じたためであったことを認定し、退職金を従来の3分の1ないし3分の2にまで減少させる内容の減額改定を無効としています。

　このように、連結対象やその関連会社への出向を円滑に進めるべく労働条件のバランスをとるという事情は、退職金規程不利益変更における「必要性」に関する事項ですが、これが主たる目的である場合では、たとえ減額後の退職金等が同業他社と同水準であったとしても、減額改定が無効とされていることに注意が必要です。

2 公務員との退職金水準の調整

　減額改定後の退職金が公務員と同水準であることは、1で説明した同業他社

と同水準であることと同様に、相当性の判断において会社に有利に働く事情といえます。

たとえば、空港環境整備協会事件（第3部判例解説③）は、空港駐車場からの収入を主な収入として公益的事業を営む会社における退職金規程等の減額改定の有効性が争われた事案において、改正された給与制度の内容が公務員に極力準じたものになっていることを指摘し、退職金規程の減額改定を有効と結論づけています。

ただし、この判決は、上記のほかに、「改正前の給与制度には不合理な点があり、給与、退職手当を含めて勤労意欲を向上せしめるようなバランスのよい給与制度とする必要性があったこと」や、「退職手当の算定方式については、その支給割合が極めて高水準で、しかも、支給限度がなく、公務員の退職手当より相当有利なものであったため、算定方式を従来のままにして、社会的な趨勢ともなっている定年を延長し、かつ給与も増額するとするなら、旧退職規程の不当性はさらに拡大することになるのであって、本件退職規程変更が給与改善及び定年延長の前提として必要不可欠であったこと」等という事実も指摘した上で前述の結論を導いていますので、給与水準が公務員に準じたものであることを決め手として結論を導いているわけではないというべきでしょう。

3　比較の方法や対象

同業他社や公務員と同水準であるといえるためには、比較の対象や方法が適切である必要があります。具体的には、会社の規模や業種、業務内容、従業員の人数等という要素に着目し、自社と類似する会社の客観的な資料と比較する必要があるでしょう。

例えば、1で紹介した裁判例の事案では、日本経営者団体連合会の退職金調査による全産業平均（規模100人未満）の支給額という比較方法により、適切な比較対象を設定しています。また、2で紹介した裁判例の事案は、空港駐車場からの収入を主な収入として公益的事業を営む会社であることから、公務員を比較対象としたものと考えられます。

他方、美術館学芸員の賃金及び退職金を定めた賃金規程の減額改定の有効性が争われた事案において、「愛知のモデル賃金」を参考に給与水準を比較したという点につき、学芸員の職務内容を考慮すると、上記モデル賃金が前提とする一般企業の事務職員等との単純な比較が妥当であるかは疑問であるとの判断を示した裁判例があります（名古屋国際芸術文化交流財団事件・名古屋高裁平成

17年6月23日判決)。

◉ 退職金の減額割合

Q30 退職金は何パーセントまで減額することが可能でしょうか。

A30 退職金減額の「必要性」の大小により可能となる減額幅は異なりますので、一概にはいえません。裁判例では、更生会社の場合等で50パーセントや80パーセントという大幅な退職金減額改定が有効とされた事案がある一方で、減額率が比較的小さくても減額改定が無効とされた事案もあります。一般的には、減額の必要性が高度になればなるほど、大幅な減額が認められる可能性が高くなるといえます。

1 大幅な減額が認められたケース

　減額率が大きくなればなるほど従業員が被る不利益は大きくなるため、減額改定が認められにくくなるのですが、減額の必要性が非常に高い場合には大幅な減額改定であっても認められることがあります。

　更生会社新潟鉄工所(退職金第1)事件(第3部判例解説⑧)は、会社更生手続中の会社において、退職金支給率が80パーセントも減額された事案において、結論として減額改定を有効としています。あくまで総合判断ではありますが、「危機的な状況下の企業として、雇用喪失と退職金の不払いという最悪の事態を回避するため、高度の必要性に迫られた結果」と判断していることからも明らかなとおり、更生手続中という状況における高度の必要性を重視し、減額改定の有効性を導いていることがわかります。

　また、日刊工業新聞社事件(東京高裁平成20年2月13日判決)は、債務超過状態が長期間継続したため、金融機関の支援・協力を得て私的整理による再建をめざし、倒産を回避するために退職金を50パーセント減額したという事案において、「倒産により清算的処理をするか、再建の方策を採るかの二者択一を迫られ」ており、倒産により見込まれる労働債権の配当率が低水準にとどまることを指摘した上、「倒産の危機に瀕した会社が倒産を回避するための経営再建策の一つとして退職金の減額を行うこと自体は、その内容に合理性がある限り、我が国の企業において一般的に検討され得る措置であり、現に会社が倒産の危

第2部　Q&A

機に瀕していた本件に関しては、通常の景況にある会社の一般的な退職金水準との比較を論ずることは当を得ていない」とし、減額改定を有効としました。

これらは2つとも法的整理ないし私的整理下にある会社における減額改定ですので、妥当する場面は限られるかもしれません。しかし、減額の必要性が非常に大きい場合には、50パーセントないし80パーセントといった極端に大幅な減額であっても減額改定が認められうることを示した判例として参考になるといえるでしょう。

2　退職金の減額割合の決め方

前述のとおり、減額割合は、減額の必要性に応じて判断されるものであり、減額割合のみを取り上げて減額の可否を議論することにはほとんど意味がありません。したがって、減額割合は、基本的に、減額の必要性の大小に応じて決めることになるでしょう。

とはいえ、出向先、関連会社や同業他社等との水準調整という明確な基準がある場合はともかく、そうでない場合は減額割合をどう定めるかという問題が生じます。この点、前記の裁判例はいずれもいわば「破産よりはまし」という基準で大幅な減額割合を容認しています。そうすると、倒産に瀕しているという状態の会社でない場合であっても、既存の退職金規定を維持することにより会社の継続性に影響を与える場合には、会社の継続性を維持できるレベルにまで退職金を減額することができると考えられるのではないでしょうか。減額割合の具体的な算定については、退職金の運用を委託している専門家にシミュレーションを依頼するのが1つの方法だといえるでしょう。

◉ 定年延長の導入

Q31 定年延長制度の導入を考えていますが、併せて退職金の減額をすることは認められますか。

A31 定年延長の導入に伴い人件費の増大が予想されますので、減額後の退職金額が同業他社と比べて遜色ないなど相当な範囲内であれば減額が認められる可能性があるといえます。なお、平成18年4月1日に施行された改正高年齢者雇用安定法において定年延長制度等の導入が義務付けられたことから、定年延長に伴う退職金の減額は重大

な課題といえるでしょう。

1 定年延長と退職金減額

（1）退職金減額が認められたケース

　定年延長制度の導入は、退職金減額の「必要性」になるだけでなく、制度導入によって従業員の地位を継続させ退職金減額の不利益を緩和するという点で「相当性」の要素にもなります。

　裁判例においても、定年延長制度の導入は重要な事実として捉えられています。例えば、兼松事件（東京地裁平成15年11月5日判決）は、定年を57歳から60歳に引き上げたことに伴い、55歳に達した事務職を専任職に転換させその賃金を引き下げるという制度を導入したため、退職金が減少したという事案において、「定年延長という社会的要請に応じるためのものであったこと、一般に、定年延長は、年功賃金による人件費の負担増加を伴うのみならず、中高年労働者の役職不足を深刻化し、企業活力を低下させる要因ともなるから、定年延長に伴う人件費の増大、人事の停滞等を抑えることは経営上必要なことといえること、現に被告においては、中高年齢社員が多く、今後さらに高齢化が進み、役職不足も拡大する見通しである反面、経営体力が十分とはいえない状況にあったこと」や、「専任職賃金カットの内容も、同業他社のカットの内容と遜色はないといえるものである」ことを指摘し、減額改定を有効としました。この裁判例は定年延長制導入を退職金減額の必要性及び相当性の両面から捉えていると評価できます。

　他方、大曲農協事件（第3部判例解説①）は、農協の合併によって退職金支給倍率の定めが低下したことから就業規則変更の有効性が争われた事案において、「定年は男子が1年間、女子が3年間延長されているのであって、これらの措置は、退職金の支給倍率の低減に対する直接の見返りないし代償としてとられたものではないとしても、同じく本件合併に伴う格差是正措置の一環として、新規程への変更と共通の基盤を有するものであるから、新規程への変更に合理性があるか否かの判断に当たって考慮することのできる事情である」と判示し、就業規則変更の有効性を認めています。この事案では、定年延長を専ら相当性に関する事情と捉えています。

（2）退職金減額が否定されたケース

　名古屋国際芸術文化交流財団事件（名古屋地裁平成16年4月23日判決）は、役

職定年制導入に伴い大幅な退職金減額となったという事業者側の主張に対し、「そもそも役職定年制は定年延長に伴う人事の停滞を防止するためというのが基本的考え方であるが、本件改定は定年延長という労働者に利益なことと引き換えに役職定年制を導入するというものではない」と判断し、減額改定を認めない1つの理由としています。

(3) 裁判例の傾向

裁判例は、定年延長制度の有用性を実質的に吟味し、必要性あるいは相当性に関する事情と位置付けた上で退職金減額の可否を判断しているものといえます。

2　改正高年齢者雇用安定法

高齢化社会の急速な進行に対応するため、高年齢者雇用安定法では、事業主は、①定年の引上げ、②継続雇用制度の導入、③定年の定めの廃止のいずれかの措置を講じなければならないとしています。

したがって、今後、定年延長に伴う退職金の減額は重大な課題といえるでしょう。

再就職支援策の評価

Q32 当社では、退職金の減額と並行してリストラも進めていきたいと考えています。転籍等で雇用を確保できない従業員に対しては再就職支援金を支給する予定ですが、退職金の減額にどのように影響するのでしょうか。また、支援金以外に有効な再就職支援策にはどのようなものがあるでしょうか。

A32 退職金減額の実施は就業規則（退職金規程も含みます）の変更や労働協約の締結により行われることが多いのですが、変更後の内容が従業員間の公平に配慮したものであれば、退職金減額の相当性が認められやすくなります。したがって、雇用が保障される従業員とそうでない従業員との公平に配慮するための再就職支援金の支給は、退職金減額を実施するにあたり、会社に有利な事情といえます。支援金以外に有効な再就職支援策には、雇用開発室の設置、人材派遣会社を利用した再就職支援策の策定などが考えられます。

1　整理解雇（リストラ）と退職金減額

（1）整理解雇の4要件（要素）

　整理解雇が認められるための要件として、判例上一般に、①人員整理の必要性、②解雇回避努力、③被解雇者選定の合理性（人選にあたり解雇基準を作成した場合はその基準が合理的であること及びその基準の適用が妥当であること）、④手続の妥当性の4つがあり、判例では、これらを総合的に考慮して判断されています。

（2）解雇回避努力

　前述の4つの要件（要素）のうち②「解雇回避努力」とは、人員整理前に経営努力を尽くし、最後の手段として整理解雇を実施する必要があるということをいいます。具体的には、新規採用の停止、役員報酬カット、昇給・賞与の停止、時間外労働の削減、配転・出向など、雇用関係を継続しつつ行う方法と、希望退職者の募集による方法があります。希望退職者の募集に際しては既定の退職金に一定額を上乗せした特別退職金を支給する方法がよく用いられますが、反対に、雇用関係を継続する従業員の賃金や退職金を減額することも解雇回避努力の方法の1つといえます。

　また、再就職先の確保等の再就職支援策について、厳密には雇用解消後の生活への配慮といえる事情についても解雇回避努力に関する事項として判例上重視される傾向がみられます。

（3）整理解雇と退職金減額の関係

　整理解雇と退職金減額は、いずれも人件費の削減という経営上の必要から実施されることが多いものと思われます。その点では、両者はいずれも人件費削減の手段の1つと位置付けられるものといえます。

　ただし、整理解雇については解雇対象とされた従業員が会社を訴える場面で問題となるのに対し、退職金減額は雇用を継続する従業員が減額改定の無効を主張する場面で主に問題となります。

2　再就職支援策について

（1）再就職支援策の意義

　これまで説明したとおり、再就職支援金の支給を含む再就職支援策は、雇用が保障される従業員とそうでない従業員との公平に配慮する方法として、整理解雇の4要件（要素）における②解雇回避努力の1つとして位置付けられるのみならず、退職金減額における相当性の判断において会社側に有利な事情と位置付けられます。したがって、再就職支援策の導入は、整理解雇の実施のため

だけではなく、退職金減額の実施のためにも重要です。
(2) 再就職支援策の内容
　退職金減額に関し、更生会社新潟鐵工所（退職金第1）事件（第3部判例解説⑧）は、会社が転籍等により雇用が確保されない従業員のうち退職時の満年齢が30歳以上の者について各人の基準賃金の3か月相当額の再就職支援金を支給したことや、雇用開発室の設置、人材派遣会社等の活用による再就職支援のための措置等を講じ、58パーセント以上の元従業員が再就職をすることができたことを退職金減額における不利益緩和措置、代償措置として評価し、結論として80パーセントという大幅な退職金減額を有効としています。再就職支援策の策定にあたり参考になる裁判例といえます。

経費削減策と退職金減額

Q33 大規模な経費削減策を実施してきましたが、いよいよ退職金の減額に手をつけるしかなさそうです。経費削減策を進めてきたことは退職金の減額に際して有利に評価されるのでしょうか。

A33 経費削減策を進めてきたにもかかわらず、更に退職金の減額を実施しなければ会社の経営を建て直すことができないという状況であれば、退職金減額の必要性が高いことを裏付けるものといえます。また、人件費削減以外の経費削減策を実施した事実は、退職金減額改定の内容の相当性として有利に判断されることもあると考えられます。

1　経費削減策の実施

(1) 人件費削減以外の経費削減策
　人件費の削減に手をつける前に実践できる経費削減策はたくさんあります。
　たとえば、接待・交際費の節減（部門別の予算割当）、旅費・交通費の削減（タクシーの利用制限、出張の制限、宿泊ホテルの統一など）、車両費の削減（社用車利用を抑え、レンタカー利用に切り替えるなど）、事務管理費の削減（事務作業のマニュアル化、業務の統廃合）、ＯＡ費用の節減（無用な出力の見直し、モノクロコピーの利用、裏紙の利用など）、通信費の節約（電子メールの積極活用や、複雑な要件について電話利用を制限し、ＦＡＸを利用するなど）、水道光熱費の節約

(クールビズ、ウォームビズの徹底など)、収入印紙代の削減(誤納時の還付請求、非課税文書の確認など)、アウトソーシングの活用などが挙げられます。

(2) 人件費の削減

　人件費の削減は、社員の士気に影響するだけでなく、不利益変更の問題から労使間のトラブルに発展するおそれがあります。そこで、まずは人件費以外の経費削減を先行させ、その後に人件費の削減に取り組むのが望ましいといえます。

　また、人件費の削減にも色々なものがありますので、労使間トラブルを極力避けるためにも、従業員の不利益が小さいものから順に実施していくのがよいでしょう。

　たとえば、まずは役員数削減や役員報酬カットにより経営陣の姿勢を示します。次に、福利厚生費を削減し、残業制限や労働時間の短縮を図ります。そして、雇用関係に関しては、採用抑制と従業員の自然減を先行させ、緊急に求人の必要が生じた場合でもパート・派遣・契約社員等の採用を中心とします。さらに、昇給停止、賞与の削減、配置転換・出向を実施します。それでもまだ財務体質の改善が不十分である場合は、希望退職を募り、退職金及び給与の減額を検討しましょう。最終手段は整理解雇(リストラ)の実施です。

(3) 経費削減策としての退職金減額

　このように、一般的には、経費削減策の一環として退職金減額を実施する方法は経費削減策の中でも最終手段に近いものといえます。

2　退職金減額の可否が争われた場合の経費削減策の位置付け

　人件費以外の経費削減策を進め、さらに、人件費のうちでも従業員の不利益が小さいものから順に経費を切り詰めて、いよいよ退職金減額に着手するというような場合、それまで実施した経費削減策は、経営の立て直しのための退職金減額の必要性があることを裏付ける事情になるといえます。

　また、特に、従業員の利益にできる限り配慮した上で退職金減額を実施したという事実は、退職金減額改定の内容の相当性においても、会社側に有利な事情として評価されることがあるでしょう。

　反対に、経営の立て直しのために退職金減額を実施するのであれば、退職金減額以外の経費削減策を十分に実施していないと、退職金減額の必要性も相当性も認められない可能性が高くなるものといえます。退職金減額の無効という結果を避けるためにも経費削減策の推進は必須といえるでしょう。

⦿ 一定期間の据置き（経過措置）

Q34 退職金をいきなり減額するのではなく、経過措置としてしばらく現行制度を維持し、退職金を据え置いた上で減額を実施しようと考えています。このような方法は有効でしょうか。

A34 何のために経過措置として一定期間退職金額を据え置くのかが問題です。たとえば、経営上の必要から整理解雇を進める一環として早期退職を優遇するなどの合理的な理由があれば、経過措置の設定も有効な手段だといえるでしょう。また、退職が目前に迫った従業員の不利益を防止するために経過措置を設けることも1つの方法です。ただし、従業員間の公平には留意する必要があります。

1 整理解雇（リストラ）の方法としての退職金減額

　整理解雇が認められるためには、会社が解雇回避努力をすることが必要です（Q32参照）。解雇回避努力の方策の1つとして、希望退職者を募集する方法が用いられますが、希望退職に応募するためのインセンティブを用意する必要があります。そこで、応募期間は従前の退職金額を保障し、早期退職を促し、かつ、応募期間経過後の退職金額を減額することで、希望退職に応じる従業員と雇用関係を継続する従業員との間の公平を図ることができます。

　退職金減額に際し経過措置を設けることの可否について判断した判例は今のところみあたりませんが、上記のようなケースでは経過措置を設けることが退職金減額の相当性の要素として会社に有利な事情になるといえるのではないでしょうか。

2 従業員間の公平

　退職金の減額を実施する場合、全従業員から個別の同意をとるのがベストですが、会社の規模によっては労働協約の締結や就業規則（退職金規程を含む）の変更で対応せざるをえないこともあるでしょう。いずれにしても、退職金減額により不利益を受ける従業員を説得するための手続は必須です。

　この点、退職が目前に迫り、退職金の受給が間近である従業員にとっては、退職金減額はまさに現実的な不利益です。そのため、退職間近の従業員が頑なに退職金減額に抵抗することも予想されます。特に、退職間近の従業員の中に、他の従業員への影響力の強い者が含まれている場合は、会社にとっては頭の痛

い問題でしょう。そこで、退職金減額を一定期間据え置くこととし、従業員の同意を得やすくして減額を実施することが考えられます。

ただし、経過措置があることにより、従前の退職金を受給できる従業員と減額後の退職金を受給することとなる従業員とに分かれることになりますが、それがあまりに不公平な受給額になると、相当性を欠く減額改定と評価されるおそれがありますので注意が必要です。

3 減額据置きの期間

退職金減額の必要性との関係からすると、据置期間を数年間という長期に設定することは得策ではないように思います。退職金減額の必要性にはいろいろな事情がありますが、人件費を削減し、会社の財務状況を改善するために退職金減額を検討するケースは多いでしょう。もちろん、従業員を説得する時間を十分に確保するため、退職金減額の実施時期に余裕を持たせることは大切だと思われますが、財務状況の改善が急務である場合には、退職金減額を長期間据え置くことはこれと矛盾するといえます。

◉ 過去の減額改定に基づく退職金支給

Q35 当社では3年前に退職金規程を減額改定しました。しかし、実際は、改定前の退職金規程にしたがい、従前どおりの退職金額を支給してきました。この度、改定後の退職金規程にしたがって退職金を支給したいのですが、認められるでしょうか。

A35 なぜ3年間は旧規程に基づき従来の退職金を支給してきたのかが問題です。3年の間に旧規程に従い従前の退職金を受給した従業員がいるとのことですので、新規程に基づいて減額後の退職金を受給する従業員との間に不公平が生じるおそれがあります。そこで、特定の従業員を特に有利に取り扱ったり、逆に特に不利に取り扱うという実態があれば、相当性を欠く減額改定ということで無効となる可能性があります。また、仮に、3年前の減額改定実施の際に、従業員に対する新規程の周知や減額同意の手続を十分に行っていなかったのであれば、減額支給にあたり、新たな減額改定と同様に、従業員に対する周知と減額同意の取付けを行う必要があります。

第2部　Q&A

1　旧規程の事実上の温存

Q34で、退職金規定の変更の際に経過措置（一定期間の据置き）を設けるケースについて説明しました。経過措置を設けるケースは、旧退職金規程が適用される期間をあらかじめ明確にして退職金減額を実施する場合です。これに対し、本設問のケースは、経過措置を明確にせず、事実上旧退職金規程を温存してきたという場合です。

一定期間は旧規程を適用するという点では、経過措置も事実上の温存も共通します。そのため、Q34での説明と同様、従業員間の公平に配慮することが必要です。

2　減額の必要性をいつ判断するか

退職金減額の必要性は、退職金減額実施の時点で判断されます。通常は退職金規程等を減額改定し、その時点から減額を実施することになりますので、減額改定時に減額の必要性が備わっていなければいけません。

しかし、本設問のように、減額改定の時期と減額実施の時期に3年間ものタイムラグがある場合、減額の必要性は、実際に減額を実施し、減額後の退職金の支給を開始する時点において備わっている必要があるものと考えられます。たとえば、経営不振等の理由から人件費を削減する必要が生じて退職金規程を減額改定したようなケースでは、改定から3年経過後の減額実施時点において経営不振が改善しており、人件費削減の必要性が低減していれば、減額実施の必要性に疑問が生じるものといわざるをえません。

3　従業員に対する説明と同意の取付け

設問では、旧規程を事実上温存し、旧規程に基づいて従来どおりの退職金を3年間も支給してきた理由が不明です。1つには、退職金規程の減額改定に際し、従業員に対し十分に改定内容を周知せず、かつ、従業員の理解を得るための説明会等の手続を怠っていたケースが考えられます。このようなケースでは、そもそも減額改定の有効性が争われた場合、たとえ減額の必要性や減額内容の相当性が認められるとしても、適正手続を履践していなかったという理由から減額改定が無効とされる可能性が高いといえます。したがって、実際に改定後の退職金規程に基づき減額支給をするにあたり、新たな減額改定をする場合と同様に、従業員に対する周知や減額同意の取付けを行う必要があるでしょう。

退職金減額後に支払原資を確保した場合の措置

Q36 当面は退職金の支払原資の確保が困難なため退職金の減額を行いますが、支払原資ができれば改めて退職金を支払いたいと考えています。どのようにすればよいでしょうか。

A36 退職金を減額することは不利益変更ですが、支払原資が確保できた場合に退職金を加算することは、従業員にとって有利な取扱いですからそのような措置をとることは可能であり、当該不利益変更の内容の合理性を担保するものとして評価されます。

1 退職金減額における支払原資確保後の加算措置の位置づけ

退職金減額等の労働条件の不利益変更が有効となるかの判断要素としては、「変更後の内容自体の相当性」もその1つとされています（みちのく銀行事件・最高裁平成12年9月7日判決）。

そのため、経営困難等により退職金を減額した場合でも、その後支払原資が確保できたときに退職金を加算することは、「変更後の内容自体の相当性」の判断に影響を与える措置として位置づけられることになります。

2 裁判例

実際に、同様の措置を取り入れた裁判例としては、更生会社新潟鐵工所（退職金第1）事件（第3部判例解説⑧）があります。この事件は、使用者が、会社を更生するためには退職金を減額することが必要不可欠であったため、退職金につき、①支払可能な最低限の原資から退職者に一律に支払可能な支給率まで引き下げ、②将来の支払原資の増加に応じて加算金を支給するとの変更を行った事案です。

裁判所は、会社が破産すれば、雇用確保の困難や退職金の不払いという事態を招くことから、退職金を減額する高度の必要性があると認めた上で、上記①及び②の変更内容は合理的なものであると判断しています。

また、同じ事案に関する裁判例である更生会社新潟鐵工所（退職金第2）事件（東京地裁平成16年2月21日）においては、「破産を回避し従業員の不利益を可及的に緩和するという相当な目的によるものであり、結果的にも破産の場合と比較して原告を含む従業員らの退職金削減による不利益を緩和する効果をもたらしたのであるから、新規則は、その内容それ自体において、相当なもの」

と判断しています。

　このような裁判例からすると、退職金を減額する場合に、支払原資が確保できたときに退職加算金を支払う措置をとることは、従業員の不利益を緩和させるものとして評価され、当該不利益変更の内容の合理性を担保する効果があると考えられます。

3　注意点

　このような支払原資確保後の退職金の加算措置を行えば、退職金減額が常に認められるというものではないことには注意が必要です。

　上記の裁判例においては、会社更生をするため（会社が破産を回避するため）に退職金を減額することが不可欠であったという事情と相まって評価されています。

　そのため、将来支払原資を確保したときに退職金を支払う代わりに、必要以上に大幅な退職金の減額を行えば、当該変更は合理性を欠くものとして無効となるおそれがあります。

　なお、上記の裁判例では、全従業員の約7割を組織する労働組合と交渉をして労働協約を締結する方法によって退職金減額を行っています。このように、支払原資確保後の退職金の加算措置をするにあたっては、労働組合との交渉（可能であれば合意）や従業員への説明等を行うことも肝要です。

◉ 退職年金の給付利率引下げ

Q37　退職年金の給付利率を引き下げたいのですが、どのような点に注意するべきですか。

A37　一時金の場合と同様に、引下げによって従業員にどういう不利益があるか考えながら、不相当とされないよう配慮しなければなりません。ただし、もともとの給付利率が高い場合には、引下げが許容される可能性は高いでしょう。

1　退職年金制度とは

　退職年金制度とは、退職金を退職時に一時払いする（一時金方式）のではなく、退職後の一定期間、定期的に給付することで退職金を払っていく制度のことです。国民年金・厚生年金と同じイメージといって良いでしょう。

退職年金制度にもいろいろな種類がありますが（詳しくは第3章参照）、ここでは簡単に、退職後、1か月に1回、定額でいくらか受け取っていくという方式であることを前提に考えていきます。

2　給付利率とは

退職年金の場合、一時金と異なるのは、「給付利率」という概念があることです。退職金が年金の場合、一時金と違って、受け取る側はいわば分割払いでしか受け取れません。一方会社側は、一時金であれば一括で支払わなければならない退職金を、分割で支払えばいいということになります。この従業員の不利益と企業の利益を調整するため、退職年金の場合、会社は通常、退職金の元金に一定の利息を付けて支給するのです。この利息の利率を「給付利率」といいます。

3　給付利率は高い！

かつて、この給付利率を年5.5％という非常に高い利率で運用している会社が大企業を中心に多数ありました。普通預金の金利など一般の市場金利に比べて非常に高い利率です。

そこで、会社側からすれば、業績が悪化するなどして支出を見直す際に、この高い年金の給付利率を引き下げたい、という話が出てくるわけです。

4　給付利率を引き下げるには

給付利率を引き下げることは、従業員にとって、退職金の減額であることにほかなりませんから、一時金と同様、退職金規定の不利益変更として、「必要性」「適正手続」が認められることが必要です。

さらに、これも一時金と同じく、引下げに「相当性」が認められることも必要です。

たとえば、それまで給付利率が年5％あったものをいきなりゼロにすることは、相当性を欠くと判断されかねません。なぜならば、上に述べたとおり、従業員は退職金を一括で受け取れない代わりに利息をもらっているのですから、分割でしか受け取れないうえに利息も付かない、というのでは従業員の利益を大きく侵害することになるからです。

5　給付利率の引下げに関する特殊事情

では、給付利率を数％でも引き下げたい会社は、どうしたらよいでしょうか。参考となる裁判例があります。

松下電器産業グループ（年金減額）事件（大阪地裁平成17年9月26日判決・労

判904号60頁）は、第7次まで訴訟が起こされた複雑な事件ですが、この中で、年金の給付利率の引下げによる減額の相当性が争点となりました。裁判所は年金の給付利率の引下げのうち、一般に運用可能な利率をある程度上回る部分については、会社の恩恵であり、いわば贈与であるから、その部分の減額についてはある程度緩やかに許容されると述べたのです。

このケースでは、結果として5.5％を超える部分の利息はいわば贈与であるとして、減額の相当性を認めました。

この判決にしたがえば、現在、非常に高い給付利率で退職年金を支払っている会社の場合は、利率の引下げがある程度緩やかに認められると思われます。その場合は、現在の給付利率は何％なのか、市場金利や同業他社の給付利率の水準に比べ高いのかどうか、何％の引下げを考えているのか、そして「必要性」「適正手続」が満たされているか、なども検討したうえで、一度、専門家に相談されることをおすすめします。

● 年金方式から一時金方式への変更

Q38 年金を一時金として支給したいのですが、どのような点に注意すべきですか。

A38 ある従業員をモデルケースに、その従業員に年金を支給し続けた場合と、一時金を支給した場合とで、どれだけその従業員に不利益になるのかしっかり把握して、相当性があるかどうか判断することが必要です。

1 年金を一時金にすることはできるのか

結論からいえば、可能です。会社は、退職金制度を設計するにあたって、一時金方式にするのか年金方式にするのか自由に決めることができるのですから、当然、今まで年金方式でやってきたものを途中から一時金にすることも可能です。

ただ、年金を一時金に変更する場合、それが従業員にとって不利益になる場合は、「必要性」「相当性」「適正手続」が認められることが必要です。しかし、年金を一時金にするといっても、パッとみてそれが従業員にとって不利益かどうかは、すぐにはわかりません。どのように比較したらよいでしょうか。

第2章　不利益変更

2　年金方式と一時金方式の比較

　年金を一時金にする場合、一見すると、分割でしかもらえなかったものが一括になるわけですから、それだけで従業員に利益だと思われるかもしれません。

　しかし、従業員にとって一番重要なのは、もらえる退職金の「総額」でしょう。年金を一時金にすることで、もらえる退職金の総額がカットされるならば、それは従業員にとって不利益な変更になるといわざるをえません。

　では、どのように「総額」の比較をすべきでしょうか。

　わかりやすいのは、まず、あるＡさんという平均的な従業員をモデルにして、現行の年金制度の場合、Ａさんが総額でいくらもらえるのかを算出し、その退職金総額を計算します。

　次に、一時金にした場合に、Ａさんがいくらもらえることになるのか計算して、制度の変更によってＡさんが総額ベースでどれくらい不利益になるのかを算出しましょう。

　これによって、おおよその不利益の度合いがわかります。もっとも、実際には、年金制度も複雑ですから、簡単にモデルケースを想定できないかもしれません。そういう場合は、社会保険労務士に相談して、不利益変更になるかどうかシミュレーションをしてもらう必要があるでしょう。

3　代償措置を設けることの重要性

　Ｑ37で説明したように、年金方式で退職金を支給する場合には、給付利率が加算される場合が多いですから、これを一時金にする場合、利息が付かなくなり、額面ではかなり減額されるケースが多いように思われます。

　したがって、この減額の不利益をカバーするために、代償措置がより重要になると考えられます。

　実際の例をみても、名古屋学院事件（第３部判例解説④）では、年金制度を廃止して、退職金制度を改正したことの是非が争点になりました（判決文からは明らかではありませんが、おそらく退職金を一時金制度にしたのではないかと思われます。）。

　判決では、この点について、退職金制度を改正したことのほかに、代償措置として、新しく退職した職員を非常勤講師として再雇用する制度を設ける措置をとったことを理由に、変更の相当性を認めました。

　このように、年金を一時金にするに際しては、減額の穴埋めを代償措置・代替措置で補うことが有効だと思われます。

4 事前相談が必要！

そうはいっても、年金を一時金にするケースにおいて、従来の年金制度がどうだったのか、どのような代償措置を設けることが有効かなどについて一律に述べることは、一時金の減額以上に難しいといわざるをえません。

後々のトラブルを避けるためにも、年金から一時金への変更を考えている会社の担当者の方は、まずは社会保険労務士や弁護士などの専門家に相談することが必須であるといえるでしょう。

● 退職後の従業員に対する年金の減額

Q39 退職後の退職年金受給者の受給額を減額することはできますか。その方法はどうしたらよいでしょうか。

A39 年金受給者の個別の同意があれば減額は可能です。労働協約や就業規則を変更する方法で受給者の受給額を減額することは原則として不可能ですが、従来の規程に将来の変更又は廃止がありうる旨の記載があれば、減額が可能な余地があります。

1 個別同意が原則

ここ数年の長期的な不況により業績が悪化した企業を中心に、それまで高い給付利率で年金を受け取っていた受給者に対して、年金の減額を求める例が相次いで生じており、平成20年秋からのいわゆるリーマンショックのあおりで、この傾向に拍車がかかる様相を呈しています。

この減額の方法ですが、まず、すでに退職した年金受給者の個別の同意があれば減額は認められます。不利益を受ける当人から、「それでもいい」という同意があれば、減額が可能なことは明らかでしょう。この方法による場合には、後から同意の有無で争いにならないように、年金受給者から、「減額に同意する」という内容の同意書をあらかじめもらっておくことが有用です。

2 就業規則や労働協約によっての減額は可能か？

とはいっても、受給者の個別の同意をいちいち取るのは大変な手間ですし、現役の従業員と同じように、就業規則や労働協約（労働組合と使用者との間で交わされる協定）によって減額を実現したいと会社側は思うはずです。この手法は、退職後の年金受給者にも通じるでしょうか。

この点については、裁判実務では原則として不可能とされています。会社を退職してすでに年金を受け取っている受給者においては、退職金請求権は法律的にはすでに具体的権利として発生しており、その具体的に発生した請求権を就業規則や労働協約で不利益に変更することは許されないというのがその理屈です。

 香港上海銀行事件（最高裁平成元年9月7日判決・労判546号6頁）は、「既に発生した具体的権利としての退職金請求権を事後に締結された労働協約の遡及適用により処分、変更することは許されない」と述べ、また、朝日火災海上保険事件（最高裁平成8年3月26日判決・労判691号16頁）も、「退職手当規程等によってあらかじめ退職金の支給条件が明確に定められている場合には、労働者は、その退職によってあらかじめ定められた支給条件に従って算出される金額の退職金請求権を取得する…ことを考慮すると、労働協約を…適用してその退職金の額を…減額することは、被上告人（受給者）が具体的に取得した退職金請求権を、その意思に反して、組合が処分ないし変更するのとほとんど等しい結果になると言わざるをえない」と述べています。

 したがって、年金受給者の退職金を労働協約や就業規則で減額することは、法律上原則として不可能であるといえます。

3 減額できる場合はある？

 ここまでは「原則として」減額できないといってきました。では、例外はあるのでしょうか。裁判例の中には、個別の同意なくして年金の減額を認めたものがあります（松下電器産業（年金減額）事件・大阪高裁平成18年11月28日判決・判タ1228号182頁、バイエルランクセス事件・東京地裁平成20年5月20日判決・労判966号37頁）。

 これらの例では、もともとの退職年金規定に、将来、年金の廃止又は変更がありうることが明記されており、会社がこの条項に基づいて退職金の減額を決めたこと、受給者は従業員時代に、将来の変更がありうると明記された規定を受け入れたことが前提となっています。判決では、会社にはこの条項をもとに退職金の減額をする余地があり、「必要性」「相当性」「適正手続」を検討し、減額を合理的と認めました。

 したがって、あらかじめ変更・減額がありうることを規定に明示しておけば、個別同意なしに退職した受給者に対する減額が認められる余地があり、むしろ、退職年金を採用している企業では、このような規定を設けている場合が多いの

ではないかとも思えます。

ただ、この場合に注意しなければいけないのは、減額を許容する規定があるからといって、ただちに減額ができるわけではなく、上記の裁判例も、さらに「必要性」「相当性」「適正手続」が満たされることを要求しているのです。

しかも、年金受給者はすでに会社勤めから解放され、退職年金を重要な生活の糧にしている人が多いはずです。いくら減額の根拠条項があったとしても、減額に必要な「必要性」「相当性」「適正手続」の基準は現役従業員以上に厳しいと思ったほうがよいでしょう。実際、「年金を減額できる」という根拠規定がある場合でも、根拠規定の定める減額の要件に該当しないとして、減額が認められなかった裁判例（ＮＴＴグループ事件・東京高裁平成20年7月9日判決・労判964号5頁）もあります。

また、年金の仕組みによっては、制度上、変更には受給者の一定多数の同意が必要とされていたり、監督官庁の許可が必要な場合もありますので、この点にも留意が必要です。

このように、退職年金受給者に対する年金の減額は難しい問題をはらんでいるので、会社としては、是非とも社労士などの専門家に相談することをおすすめします。

◉ 不利益変更と従業員（労働組合）との交渉

Q40 当社では、従業員の退職金の減額を検討しています。この場合、従業員との間で交渉をすることが重要だと聞いたのですが、どのようにしたらいいのかわかりません。不利益変更をする場合に、従業員との協議をどのようにしたらいいか教えて下さい。

A40 退職金を減額する場合には、従業員に対する手続保障のためや変更後の内容の合理性を担保するために、全従業員との協議や労働組合との交渉が、きわめて重要となります。

1　従業員との交渉の重要性

就業規則等により労働条件の不利益変更をする場合には、労働組合との交渉、他の労働組合又は他の従業員の対応等は、不利益変更が有効となるか否かの判断の重要な判断要素となることが最高裁判所の判例によって確立されています。

これを受けて、労契法10条においても、使用者が就業規則の変更により労働条件を変更する場合には、「労働組合等との交渉の状況」が判断要素として明記されています。

　上記のように、裁判所の判断や法令が労働組合等との交渉を判断要素として重視している目的の1つには、従業員に対する手続保障を図ることにあります。

　もう1つには、労働組合との交渉を経ることによって変更後の就業規則の内容が労使間で利益調整がなされた合理的なものであると一応推測できるとの側面もあります。

　このように、退職金の減額を行う場合には、従業員、労働組合との交渉をすることはきわめて重要です。

2　従業員との交渉の方法

(1) 労働組合がある場合

　労働組合がある場合においても、退職金を減額することについて、従業員全員と交渉することが最も望ましい方法です。

　しかし、従業員が多数いる場合には、従業員全員と交渉をするには、多大な時間と労力が必要となるため現実的ではありません。

　労働組合は、組合に所属する従業員の利益を代表する関係にありますので、労働組合と交渉を行うことにより、従業員の手続保障を図ることは可能であり、労使交渉によって一定の合意に至れば、その変更内容についても一定の合理性が担保されます。

　労働組合がある場合といっても、社内に複数の労働組合が存在する場合もあります。この場合には、原則として全ての労働組合と交渉をすることが望ましいでしょう（複数の労働組合がある場合については、Q42参照）。

　また、労働組合との交渉の結果、合意に至った場合には、労働協約を締結することが望ましいですが、他に覚書を締結することも有効な方法です（労働組合との合意の方法については、Q46参照）。

(2) 労働組合がない場合

　労働組合がない場合にも、退職金を減額することについて、従業員全員と交渉することが最も望ましい方法であることに変わりはありませんが、従業員が多数いる場合には、従業員の代表者と交渉をすること（Q49参照）や、従業員向けの説明会を開催して意見聴取を行うこと（Q50参照）も有益な方法となります。

第2部　Q&A

個別契約、就業規則、労働協約の関係

Q41 今回、不利益変更をするに際して、個別契約、就業規則、労働協約という用語をききます。しかし、この用語の示す内容と、各々の法律関係がわかりにくいです。どのようになっているのでしょうか。

A41 個別契約とは使用者と従業員個人の合意のことであり、就業規則とは、使用者が一方的に作成する規則のことであり、労働協約とは、労働組合と使用者の合意のことです。

1　個別契約・就業規則・労働協約

（1）個別契約

　個別契約とは、使用者と従業員個人が合意した契約のことです。労契法3条において「労働契約は、労働者及び使用者が対等の立場における合意に基づいて締結」することを定めており、労働契約の基本形と位置づけられています。

　このため、個別契約によって労働条件を変更することも認められています（労契法8条）。

（2）就業規則

　就業規則とは、使用者が事業経営の必要上定める職場規律や労働条件に関する規則類のことです。

　就業規則は使用者が一方的に作成するものであり、個別契約や労働規約のように双方の合意に基づいていません。

　にもかかわらず、就業規則が使用者のみならず従業員に対してまで拘束力を有するのは、議論があるところですが、就業規則が周知されていて従業員が就業規則の内容を知った上で労働契約を締結したのであれば、就業規則の内容を当該労働契約の内容に含めて合意したと考えることができるからです（労契法7条参照）。

　そして、就業規則が法令上の制度として認められているのは、多数の労働者が協力して働く企業において、労働条件・服務規律を統一して公平に扱うことが使用者にとって必要不可欠であるためです。

　このため、（就業規則の変更により）労働条件を一律に変更するという方法が用いられるのです。

（3）労働協約

　労働協約とは、使用者と労働組合との間で締結される合意のことです。労働協約は、書面に作成され、署名又は記名押印がされることとされており（労組法14条）、いずれかの条件を満たさない場合には効力が生じません。

　労働協約は、就業規則と異なり、労使間の集団的合意として成立するため、労働契約の内容を直接定める効力を有しています。

2　個別契約、就業規則及び労働協約の関係

（1）個別契約と就業規則の関係

　就業規則は使用者が一方的に作成するものであることから、原則として、使用者と労働者の合意である個別契約が優先する関係にあります（労契法7条但書）。

　しかし、就業規則には労働条件の最低基準となる効力が認められていることから、就業規則の内容が個別契約の内容よりも従業員に有利な部分があれば、個別契約のその部分は無効となる関係にあります（労契法12条）。

（2）就業規則と労働協約の関係

　就業規則が、使用者が一方的に作成するものであるのに対し、労働協約が労使間の合意であることから、就業規則が法令又は労働協約に違反する場合には、就業規則の当該違反部分については効力を有しないこととなり、労働協約が優先する関係にあります（労契法13条）。

　もっとも、労働協約は、原則として当該労働協約を締結した労働組合の組合員のみに効力を有するので、その他の従業員との関係では、就業規則が規律することとなります。

（3）労働協約と個別契約の関係

　個別契約の内容が労働協約の内容よりも有利な場合に、当該個別契約の内容が無効となるかについては、見解の対立があります（いわゆる有利性原則）。

　労働協約が労働条件の最低基準の設定を意図している場合には、その労働協約よりも有利な個別契約は有効となりますが、労働協約が労働条件の内容を決定することを意図している場合には、個別契約のうち労働協約よりも有利な部分は無効となる傾向にあります。

　いずれにせよ、労働協約を締結した者の意図や、個別契約の内容が労働協約よりも有利な労働条件とすることについて合理的な根拠があるか等を個別に判断する必要があります。

複数の労働組合がある場合

Q42 社内に複数の労働組合がある場合、どのように交渉すればよいでしょうか。

A42 原則として全ての労働組合と交渉すべきです。賛成の組合と反対の組合がある場合に、不利益変更を強行してよいかは、賛成の組合がどれだけ規模の大きい組合であるかが重要になります。

1 原則

社内に複数の労働組合がある場合にも、原則として全ての労働組合と減額の交渉をすべきです。複数あるとはいえ、正式な労働組合を無視して交渉をしなかった場合には、適正に手続を履践したかという点で後々不利に働くおそれがあります。

もっとも、たとえば社員100人の会社で、2、3人の従業員が自称「労働組合」を作っているだけで、組織としての実体がない場合にまでその組織と交渉する義務はないでしょう。ただ、ごく少数の労働組合でも、しっかりと組織・運営され、過去に会社との団交の実績があるような場合には、やはり交渉しなければならないでしょう。

2 交渉の方法

複数の労働組合がある場合、組合と個別に交渉するのが面倒だと思われる社長や担当者もいらっしゃるでしょう。しかし、交渉の方法について法律上決まりがあるわけではないので、説明会のような形で複数の組合の代表者を呼ぶかたちで協議できれば、それで十分だと考えられます。

3 裁判例

複数の労働組合がある場合の退職金の不利益変更の裁判例としては、日刊工業新聞社事件（東京高裁平成20年2月13日判決）があります。この事件では、社内に労働組合が少なくとも3つありましたが、3つの組合ともども、積極的に反対するものとは認められないことを理由に、不利益変更は有効と判断されました。裁判例でははっきりと示されていませんが、会社としてしっかりと複数の労働組合と交渉したことを適正手続の点でプラスに評価されたことが、有効とされたひとつの理由になったものと思われます。

4 賛成と反対が分かれた場合

　複数の労働組合のうち、変更に賛成する組合と反対する組合がある場合、どうなるでしょうか。一概に答えることは困難ですが、たとえば社員の9割方が加入する組合が賛成している一方、ごくわずかな社員のみが加入している組合が反対している場合は、有効と認められやすいですし、逆の場合は、無効とされる可能性が高くなると思われます。結局、賛成する組合がどれくらいの数の従業員で構成されているかによるでしょう。

　裁判例でも、中谷倉庫事件（第3部判例解説⑨）では、過半数の労働組合の同意を得ている一方、もう一つの分会の同意はない場合に、改定を有効としています。

　ただ、最初に述べたとおり、大きな労働組合の同意を得たからといって、ごくわずかな社員のみが加入している組合を無視していいということにはならず、やはり会社としては、全ての組合を尊重し、協議を求めているという姿勢は見せるべきです。上記の裁判例でも、会社は分会に対しても何度も交渉を申し入れたが分会側がこれに応じなかったことを前提にしています。また、会社が倒産の危機に瀕している場合など高度の「必要性」「相当性」が認められる場合には、複数の組合が賛成と反対に分かれていても、有効と認められる余地があるものと考えられます。

◉ 労働組合が協議に応じない

Q43 労働組合が協議に応じない場合、どうしたらよいでしょうか。

A43 会社としては、組合に協議に応じるよう説得の努力を続けるべきです。どうしても組合が協議に応じない場合には、他の条件次第で変更が有効になる余地がありますが、その場合でも、協議の努力をしたことを証拠として残しておくべきです。

1 労働組合の抵抗と会社の対応

　従業員にとって、退職金の不利益変更は通常、受け入れがたいものです。したがって、組合が協議に応じないという姿勢をとることは十分にありえます。

　この場合、組合が協議に応じないからといって、これを機会とばかりに、協

議の努力をせず、不利益変更を断行してよいのでしょうか。

答えは残念ながらNOでしょう。会社としては、従業員に対して負担をお願いするわけですから、組合が協議に応じないからといって、協議を求める努力を怠ってはいけません。労基法90条も、就業規則を変更する場合は、労働組合の意見を聴くことを義務づけています。粘り強く、組合に対して協議に応じるよう働きかけるべきです。その結果、仮に組合が最後まで協議に応じなかったとしても、会社が協議に応じるよう粘り強く働きかけたことが、会社にとって有利に評価され、不利益変更が有効になる余地があるのです。

2 裁判例

Q42でも紹介した中谷倉庫事件（第3部判例解説⑨）は、そのことを判決で示しています。裁判所は、退職金の不利益変更を有効としましたが、判旨では、組合（実際の事案では分会）に何度も交渉を申し入れたが、組合側がこれに応じようとしなかったことを取り上げており、会社の協議への働きかけをプラスに評価したと思われます。

3 会社の対策

このように、組合が協議に応じない場合、会社としては協議に応じるよう粘り強く働きかけるべきですが、いざ裁判になったとき、従業員（組合）側から、「会社から協議しようと働きかけられたこともない」などと言われてしまうことがあります。この場合、「働きかけた」「働きかけがなかった」という点で争いになってしまうので、会社としては、あらかじめ、協議を働きかけた証拠を残しておくべきです。具体的には、協議を呼びかけたパンフレットや掲示物、協議を呼びかけてから協議を拒否されるまでの組合担当者との交渉経過を記したメモや会社担当者の日誌などは重要な証拠となります。組合が協議に応じない場合は、これらの証拠をしっかりと保管しておくことが重要です。

4 協議に応じない場合に変更を強行してよいか？

会社として何度も誠実に協議を働きかけたけれども、組合がどうしても応じない場合、不利益変更を断行してもよいでしょうか。

この場合、組合の同意なく不利益変更をすることになります。裁判例をみると、組合の同意があるケースでは有効となることが多い一方、同意がないと無効とされるケースが散見されますので、やはり組合の同意がないと、有効とされるハードルは高くなるように思えます。上述の裁判例でも、従業員が過半数加入する組合の同意を得ていたことが有効とされた理由のひとつとなったとい

う側面があります。

　ただ、いくら組合が反対していても、非常に高度の必要性・相当性がある場合には、有効と認められる余地はあるように思われます。先にあげた労基法90条も、組合の意見を聴かなければならないとしており、賛成をとらなければならないとまではしていません。この場合、組合が協議に応じないならば、個別の従業員を対象に説明会を開いて協議と同意を求めるなど、別のアプローチから適正手続をアピールする方法も考えられます。

　ただ、非常に難しい判断を迫られることは確実ですので、事前に専門家に相談されることをおすすめします。

◉ 反対している非組合員への対応

Q44　労働組合とは合意ができたのですが、反対している非組合員がいます。どのように手続を進める必要がありますか。

A44　労働組合と交渉して、労働協約を締結するよう努めましょう。一定の条件の下で労働協約を結ぶと、非組合員にも変更の効力が及びます。そうでない場合には、労働協約と就業規則の双方の変更をめざしましょう。

1　労働協約とは

　労働協約とは、使用者と組合との間の労働条件に関する協定のことです。退職金の減額について労働組合と合意ができたが、反対している非組合員がいる場合、労働協約を締結することで非組合員にも協約の効力が及ぶ場合があります。

2　労働協約の一般的拘束力

　労組法17条によれば、ある事業場において、4分の3以上の数の労働者が労働協約の適用を受けるに至った場合は、他の労働者（非組合員）に対しても、労働協約が適用されると定めており、これを労働協約の一般的拘束力といいます。

　したがって、変更に合意した組合に加入している同種の従業員が事業場の従業員数の4分の3以上である場合には、組合と労働協約を結ぶことができれば、反対している非組合員に対しても変更の効力が及ぶのです。

ただし、退職金の大幅な減額のように労働協約が非組合員に著しく不利な内容である場合には、非組合員への拘束が「著しく不合理であると認められる特段の事情」があるとして適用されません（朝日火災海上保険事件・最高裁平成8年3月26日判決）。「必要性」「相当性」がなければ、労働協約の一般的拘束力が生じる条件が整ったとしても、結果として一般的拘束力が働かないといいかえてもいいでしょう。また、一般的拘束力は会社全体ではなく事業場単位に限定されていますし、効力の及ぶ従業員も同種の従業員に限られますから、これらの点にも留意する必要があります。結論としては、現実的には有用な方法とはいえないということになるでしょうか。

3　一般的拘束力が生じない場合は？

労働協約の一般的拘束力が使えない、あるいは使うには不適当という場合は、組合とは労働協約を締結する努力をするとともに、非組合員対策としては、就業規則の変更で対応する、という二段構えで対処するのがよいでしょう。就業規則の不利益変更ですので、「必要性」「相当性」「適正手続」が満たされるように注意しなければなりません。

会社としては、就業規則を変更するわけですから、労働組合の意見を聴くなどの手続を取る必要がありますし（労基法90条1項）、反対している非組合員に対しても説明会を開いたり、個別に意見を聴いて説得するといった「適正手続」に対する配慮も怠ってはなりません。

4　反対する非組合員を押し切って変更を強行した場合、変更の効力は？

会社の説明会や個別の説得にもかかわらず、非組合員が反対を貫き、労働協約の一般的拘束力も使えない場合、変更を強行してもよいでしょうか。

この場合、具体的に「必要性」「相当性」「適正手続」が満たされているかによって結論が決まるでしょう。適正手続に関していえば、同意した組合の規模・組合との合意内容・非組合員への説得の努力の態様・非組合員の対応などをみて、総合的に適正な手続を踏んでいるか否かが判断されます。

たとえば、過半数の労働組合と労働協約の形で明確に変更の合意ができている、非組合員に対して粘り強く誠実に交渉を呼びかけたが、非組合員が全く聞き入れなかったなどの場合は、会社は適正な手続を踏んでいるとしてプラスになると思われます。

逆に、合意のできた組合が少数で、非組合員に対してはおざなりな説明会を1回開いただけで、非組合員が具体的な説明を求めても会社が拒否したなどの

事情があれば、減額が無効とされる可能性が高いでしょう。

会社としては、反対している非組合員に対しても誠実な態度で粘り強く交渉することが求められます。

労働協約による一部の組合員の退職金改定

Q45 労働協約の締結によって、一定の年齢層や一定の職種限定の組合員が対象となる退職金の改定を行うことはできるでしょうか。

A45 労働協約が特定の労働者を不利益に取り扱うことを積極的に意図して締結されたなどの事情がない限り、一部の組合員が対象となる退職金の改定も有効となりうると考えられます。

1 問題点

会社と労働組合の間で締結される労働協約によって、一部の組合員を対象にして、退職金の改定を行った場合、かかる労働協約の効力が、当該不利益を受ける組合員にも及ぶかが問題となります。

2 労働協約の規範的効力について

労働協約の規範的効力について判断した判例として、朝日火災海上保険事件（最高裁平成9年3月27日判決）があります。

この判例は、組合員の定年及び退職金算定方法について不利益変更を及ぼすことになる労働協約が締結されたところ、組合員が、自分には労働協約の効力が及ばないと主張した事例です。

本判例は、労働協約の規範的効力について、特定の労働者を不利益に取り扱うことを積極的に意図して締結されたなど、その内容がきわめて不合理であると認めるに足りる特段の事情がない限り、不利益を受ける個々の組合員に及ぶと判示して、労働協約の効力が組合員である原告に及ぶものとしました。

仮に、不利益を受ける一部の組合員に対する労働協約の効力が容易に否定されるようなことになれば、労働組合の交渉能力が著しく制約されてしまうことから、本判例は、労働協約の規範的効力について、上記のような判断をしたものと思われます。また、組合員が労働協約による拘束力から逃れようと思えば脱退をすればよいという事情も、判断に影響しているものと思われます。

3 結論

上記判例からすれば、締結された労働協約の内容が、一部の組合員（たとえば一定の年齢層や一定の職種）限定で退職金の不利益変更をするものであっても、労働協約が特定の労働者を不利益に取り扱うことを積極的に意図して締結されたなどの事情がない限り、このような退職金の改定も有効となりうると考えられます。

◉ 労働組合との合意の方法

Q46 労働組合との合意の方法にはどのようなものがありますか。覚書程度でよいのでしょうか、労働協約を結んだほうがよいでしょうか。

A46 労働協約の締結ができればベストですが、覚書でも適正手続の面では問題ないでしょう。ただし、口頭での合意だけというのは避け、書面などの形を残しておきましょう。

1 労働協約

労働協約とは、労働組合と使用者との間で交わされる協定のことです。労働協約は就業規則に優先するという強い効力が与えられており（労基法92条1項）、また、Q45でも述べたように一定の場合には非組合員にも効力が及びます。

したがって、組合との合意にこぎつけた会社としては、まずは労働協約の締結をめざしましょう。労働協約は、その合意内容を書面に作成し、組合と会社がそれぞれ署名押印して成立します（労組法14条）。口頭だけでは労働協約が成立したことにはなりませんので注意しましょう。

2 覚書

組合と合意したはいいが、組合が労働協約の締結には難色を示している場合、覚書の形でもよいのでしょうか。退職金の不利益変更における「適正手続」の要求という面に関していえば、覚書であっても問題ないといえます。覚書の形であっても組合から合意をとりつけていれば、会社にとっては組合と誠実に交渉して合意を得たという、適正な手続を踏んだといえるからです。

裁判例でも、労働協約の締結までには至らなかったが、覚書での合意ができていれば、組合との合意ありとして、適正手続の面でプラスに評価しています。

3　合意を証拠化する

このように、適正手続の面では、労働協約であろうと覚書であろうと、合意ができていれば、その名称はあまり問題にはなりません。では、口頭での合意だけでもよいのでしょうか。法的な効力の面だけでいえば口頭の合意だけでも問題ありませんが、のちに紛争になったときに非常に厄介なので、口頭だけではなく、合意を書面にするなどして証拠化することを心がけましょう。

仮に口頭で合意し、不利益変更を実行したのちに、組合や従業員が不利益変更を不満としてその無効を訴えたとき、会社側は、合意したではないか、と主張するでしょう。しかし、口頭でしか合意していないと、相手から「そもそも合意はしていない。証拠があるのか」と言われてしまったとき、証拠が出せません。そうなると、せっかく合意ができていたのに、その証拠がないとして、裁判では合意がなかったとされてしまう可能性があります。

そこで、会社としては、必ず書面などで合意があった証拠を残すよう心がけるべきです。目指すべきは、組合の代表者の署名・押印のある合意書の締結ですが、それが無理ならば、合意内容の書いてある議事録、あるいは合意の際の録音テープをとっておくことでもよいでしょう。

もっとも、双方の署名（又は記名押印）のない書面や単なる合意では、労働協約としての効力は生じません（労組法14条）。

合同労働組合（個人加入労働組合）との交渉

Q47 当社には、合同労働組合（個人加入労働組合）に加入している者がいます。この場合、合同労働組合（個人加入労働組合）とも交渉をしなければ、不利益変更はできないのでしょうか。

A47 不利益変更をするにあたり、合同労働組合（個人加入労働組合）とも交渉をすることが望ましいのですが、従業員の多数が加入している労働組合との交渉、非組合員に対する説明及び意見表明の機会を保障していれば、合同労働組合（個人加入労働組合）と合意しなくとも不利益変更が認められることもあります。

1　合同労働組合（個人加入労働組合）

日本においては、労働組合の9割近くが、特定の企業（事業所）に働く労働

者によって組織された企業別労働組合となっていますが、中小企業においては、労働組合がないことも少なくありません。

そのため、企業内に労働組合がない者は、一定地域の一定産業ないし職業に従事する労働者が企業の枠を超えて労働組合を組織することがあります。この組合を一般的に合同労働組合（個人加入労働組合）と称しています。

なお、合同労働組合（個人加入労働組合）も、当該組合に加入している従業員の属する企業との間で、団体交渉をする権利が認められています。

2　合同労働組合（個人加入労働組合）との交渉

労働条件の不利益変更をする場合には、労働組合や従業員と交渉を行ったか否かが、当該変更を有効と認めるかの重要な判断要素の1つとして位置づけられています。

このような裁判実務から考えますと、合同労働組合（個人加入労働組合）にも団体交渉権が認められているのですから、無視せずに交渉を行うことが望ましいでしょう。特に、当該変更によって合同労働組合（個人加入労働組合）に加入している者が被る不利益が大きい場合には、合同労働組合（個人加入労働組合）と交渉して意見表明の機会を保障すべきだと考えます。

しかし、合同労働組合（個人加入労働組合）との間で合意を得なければ、不利益変更ができないというわけではありません。

参考となる裁判例としては、更生会社新潟鐵工所（退職金第2）事件（東京地裁平成16年2月21日）があります。これは、会社更生するためには退職金を減額する必要があり、全従業員の約7割で組織される労働組合と労働協約を締結していたが、原告が同組合を脱退していわゆる合同労働組合（個人加入労働組合）に加入したという事案です。この裁判例では、全従業員の約7割で組織する労働組合との間で労働協約が締結されていること及び非組合員に対しても十分な説明を尽くしていることを重視して、原告及び合同労働組合（個人加入労働組合）との交渉手続については変更の合理性を減殺するほどの不適切な対応ではないと判断しています。

したがって、合同労働組合（個人加入労働組合）と交渉することは望ましいですが、最終的に合意に至ることは必須ではありません。

第2章　不利益変更

◉ 不利益変更における従業員の個別同意の意味

Q48 当社は、退職金の減額を考えています。当社には労働組合がなく、労働組合との交渉や合意はできません。この場合、従業員の個別の同意を得て退職金の減額をすることは可能でしょうか。

A48 従業員の個別の同意を得て退職金を減額することが可能な場合もあります。特に、すでに退職した者に対しては、就業規則の変更によっても原則として退職金減額はできず、個別の同意が必要となります。
　もっとも、従業員との関係では、就業規則よりも不利な個別同意は無効となるおそれがあります。

1　従業員の個別の同意

　労契法第8条は、「労働者および使用者は、その合意により、労働契約の内容である労働条件を変更することができる」と定めており、就業規則が存在しない場合には従業員の個別の同意を得て退職金を減額することは可能です。

　労働組合がない会社において従業員に対して退職金を減額する場合には、労働協約（労働組合と使用者の合意）による減額ができないので、就業規則が存在しないような場合には、従業員の個別同意による減額を行うことになります（就業規則の退職金規程等が存在する場合は、その変更も必要。3を参照）。

　退職金減額のような労働条件の不利益変更を従業員の個別の同意に基づき行う際には、当該不利益変更が使用者の一方的な要求であるという推測が働きやすいので、従業員と使用者が対等の立場にたって、従業員の自由な意思に基づいた同意がなされることを要します。

　そのため、使用者は、退職金を減額する理由や不利益の程度等について十分な説明・情報提供を行い、従業員が十分に納得して同意をしたと評価される手続をとることが重要となります。

2　すでに退職した者の個別の同意

　すでに退職した者に対して退職金の減額を求める場合には、退職者はもはや会社の従業員ではないため、就業規則の変更による減額は、原則として認められません（詳しくはQ39参照）。

　そのため、退職者に対して退職金減額を求める場合には、その者の個別の同

意を得ることが必要となります。

この場合には、退職金を減額した場合の不利益や理由などを明記した説明書を交付する等十分な説明・情報提供を行ったうえで、退職者が疑問を解消できるような体制を整えて、最終的には「同意書」のような書面を用いて意思を確認すべきです。

3 注意点〜就業規則との関係

従業員の個別の同意を得て退職金を減額できたとしても、退職金規程のような就業規則が定められている場合には、注意が必要です。

労契法第12条は、「就業規則で定める基準に達しない労働条件を定める労働契約は、その部分については、無効とする。この場合において、無効となった部分は、就業規則で定める基準による。」と定めており、従業員の個別の同意が得られたとしても、退職金規程の内容が変更後の内容よりも従業員に有利であれば、個別の合意内容が無効となってしまいます。

そこで、退職金規程等の就業規則が定められている場合には、従業員の個別の同意を得るのと同時に、退職金規程の変更も行っておくことが必要となります。

◉ 労働組合がない場合における従業員の代表者との協議

Q49 当社には従業員は多数いますが、労働組合はありません。この場合、不利益変更をするにあたって、従業員の代表者と協議をすることは有効でしょうか。どういう人物を代表者とすべきでしょうか。

A49 従業員が多数いる場合であっても、労働条件の不利益変更をするために、従業員の意見聴取や従業員との交渉をすることは重要ですから、従業員の代表者と協議をすることは有効な手段です。
この場合の従業員の代表者としては、多数の従業員の意見を反映できる者がふさわしく、使用者は、そのような人物を従業員の代表者として協議すべきです。

1 従業員との交渉の重要性

就業規則等により労働条件の不利益変更（退職金の減額等）をする場合、労働組合との交渉、他の労働組合又は他の従業員の対応等は、不利益変更が有効

となるか否かの判断の重要な判断要素となっています。
2 従業員の代表者との協議
　退職金の減額等の労働条件の不利益変更を行う場合で労働組合がないときには、従業員に対する手続保障という観点からは、従業員全員と交渉することが最も望ましい方法です。
　しかし、従業員が多数いる場合に、従業員全員と交渉していくことは、時間と労力を著しく費やしてしまいます。
　そこで、従業員の代表者と交渉を行うことが、現実的かつ有効な方法になりえます。
　なお、就業規則の変更により不利益変更をする場合で、労働者の過半数で組織する労働組合がないときにおいては、使用者には労働者の過半数を代表する者の意見を聴取する義務があります（労基法第90条第1項）。
　交渉担当の代表者が多くの従業員によって選任されていれば、その代表者を選んだ従業員の意見は、その代表者を通じて使用者との交渉に反映されることになり、間接的に従業員に対する手続保障を図ることが可能となります。
　他方、使用者にとっても、全従業員と個別に交渉するよりも時間と労力を節約することができます。これにより、使用者は従業員の代表者との交渉に時間をかけることができ、結果として従業員の意見を十分に反映することも可能となります。
　このように、労働組合がない場合には、使用者が従業員の代表者と交渉することは、使用者・従業員にとっても有効な方法となります。
3 従業員の代表者にふさわしい人物とは
　従業員の代表者にふさわしい人物は、多数の従業員の意見を反映できる者である必要があります。そのため、以下のような条件を多く満たしていることが望ましいと考えられます。
（1）過半数といわず多数の従業員を代表すること
　従業員の代表者といっても、わずか数人の従業員を代表するだけであれば、この代表者と交渉をしたことをもって、他の多数の従業員に対して意見表明等の手続を保障したことにはなりません。
　多くの従業員に対して手続保障を図るためには、最低でも過半数の従業員を代表する者と協議することが必要です。

第2部　Q&A

(2) 管理監督の地位にないこと、使用者の意向によって選ばれていないこと

　従業員と交渉する意味は、使用者の方針に対して、従業員の意見を反映させることにあります。このことからすると、使用者の意向によって選任された者では、十分に従業員の意見が反映されないおそれや、従業員の意見が反映されていないという疑いを招くおそれが生じます。

　そのため、使用者の意向による者や、管理監督の地位にある者は、従業員の代表者としてはふさわしくありません。

(3) 使用者との交渉を担当する者を選ぶことを明らかにして選任したこと

　労働条件の不利益変更に関して使用者と交渉する者を選ぶことを明らかにして、投票や挙手などの方法によって代表者を選んだ場合には、従業員は自己の意見を反映してくれる者が誰かを意識して代表者に交渉を委ねることになります。

　そのため、このような選任手続を経た代表者は、従業員の意見を十分に反映している可能性が強く、交渉担当者として適任であると評価されます。

◉ 退職金の減額における職場説明会の有効性

Q50　退職金の減額にあたり職場説明会を開催することは有効でしょうか。注意点はありますか。

A50　退職金を減額するにあたり従業員・退職者に対して、説明会を開催することは、手続を保障することになるため、有効な方法となります。

しかし、形式的に説明会を開催するだけでは不十分であり、減額の理由や減額後の制度などについて十分に説明し、従業員の質問や意見を受け付ける機会を設けることが必要になります。

1　職場説明会の有効性

　退職金の減額が認められるためには、労働組合や従業員等と交渉を行うことが、裁判実務上、重要な判断要素の1つとして位置づけられています。

　従業員に対して職場説明会を開催することは、従業員に対して退職金を減額する経緯等を説明する機会を保障するとともに、従業員との交渉の糸口にもなります。

また、職場説明会において、十分な説明を行えば、その後の従業員との交渉が円滑に進むことも期待できるので、職場説明会を開催することは有効な手段の1つとなります。

2 職場説明会開催に関する注意点

では、職場説明会を開催する場合には、どのようなことに注意すべきでしょうか。

もちろん、形式的に職場説明会を開催しただけでは、裁判実務上も評価はされません。内容の伴った説明会を開催することが重要となります。どのような説明会を行う必要があるかに関して、参考となる裁判例があります。

1つは、中部カラー事件（第3部判例解説⑩）です。

この事案では、使用者は、経営会議、全体朝礼において従業員への説明を行っています。

しかし、経営会議の場では、中途退職した場合に、新制度が旧制度と比較して不利となることについては説明しておらず、全体朝礼の場でも、制度変更の必要性、新制度の概要、従業員にとってのメリット・デメリットなどを記載した書面を配付しませんでした。

そのため、この裁判例では、使用者が制度変更を従業員に周知させる意思があるのであれば、まずは説明文書を配付または回覧したうえで、必要に応じて説明会を開催する必要があると判示し、上記のような対応では不十分であったことを示唆しました。

もう1つは、松下電器産業グループ（年金減額）事件（大阪地裁平成17年9月26日判決・判タ1199号222頁）です。

この事案では、使用者は、退職者に対して、変更するに至った背景、変更後の試算及び説明会の案内等を記載した書簡を複数回送付し、その後説明会を開催して直接説明を行いました。そのうえで、退職者のさまざまな質問や意見に対して個別に回答するためにフリーダイヤルを設置しました。その結果、退職者の9割以上が同意するに至りました。

この裁判例では、上記のような手続を行って、変更するに至った経緯を説明して退職者の理解を求め、退職者から9割以上の同意を得ていることから、これらの手続が不相当なものではなかったと判示しました。

この2つの裁判例からすると、使用者は、①退職金を減額する経緯・理由、変更によって生じるメリット・デメリットを記載した書面を従業員に配付する

第2部　Q&A

こと、②説明会のとき又はその後に、従業員の質問・意見に対応する機会を保障することに配慮する必要があるといえます。
　したがって退職金を減額するにあたり説明会を開催する場合には、書面の配付及び意見聴取の機会を設けることを検討しましょう。

第3章　退職金制度

◉ 内部留保型と外部拠出型の違い

Q51 内部留保型（自己完結型）と外部拠出型の退職金制度の違いは何でしょうか。

A51 退職金制度の多くは、企業の外の外部機関を活用し、退職金の積立てを行います。
しかし、内部留保型（自己完結型）は、退職金の準備を外部機関に任せずに、企業内部で準備する制度です。日本の場合は、年功序列、終身雇用を前提として退職金の制度設計がされたものも多く、退職給与引当金の廃止により、内部留保型（自己完結型）制度の税務メリットが少なくなっています。

1　内部留保による退職一時金制度のメリット

◇**事業主のメリット**

（1）自由設計

　確定拠出年金、確定給付年金のような法的な制約がないため、企業が独自に自由に退職金制度を設計し、運用することができます。

（2）運用益を企業の含み資産にできる

　運用環境がよく、その運用により利益が上がれば、その分は企業の含み資産とすることができます。

（3）人事考課を反映しやすい

　退職理由や懲戒の有無等、人事考課を細かく反映させて退職金制度を構築し、運用することができます。

◇**従業員のメリット**

（1）退職金額が保障される

　将来受給できる退職金額が保障されるため、安心して将来を設計することが可能となります。

（2）運用のリスクや手間がない

運用リスクや手間を企業が負担するため、従業員は運用に責任をもたず、手続等も発生しません。

2　内部留保による退職一時金制度のデメリット

◇事業主のデメリット

（1）退職金費用の平準化ができない

退職者が出たときに退職金の費用拠出が必要となり、費用の平準化や計画的な資産運用が難しい面があります。

（2）税務メリットがなくなった

退職給与引当金制度の廃止により、無税で積立てをしていくことができなくなりました。

◇従業員のデメリット

（1）ポータビリティはない

あくまでもその企業独自の退職金制度であり、転職時に年金資産を持ち運ぶことはできません。

（2）企業破綻時は保障が確約されない

年金資産はあくまでも企業に帰属するため、その実施企業が破綻したときは、退職金給付についての保障は確約されません。

◎ 中小企業退職金共済（中退共）制度

Q52 中小企業退職金共済制度の概要と留意点（メリット、デメリット）について教えてください。

A52 中小企業退職金共済制度は確定拠出型の制度であり、退職給付債務の対象にはなりません。
制度概要と留意点は次のとおりです。

1　制度の概要

中小企業退職金共済制度は、自力で退職金制度を持つことが困難な中小企業が、国の援助により退職金共済制度を確立し、中小企業の従業員の福祉の増進と中小企業の振興に寄与することを目的とし、昭和34年に制定された中小企業退職金共済法にその根拠をおいている制度です。

事業主が独立行政法人勤労者退職金共済機構（以下「機構」という）と退職金共済契約を締結し、毎月の掛金を金融機関に納付し、従業員が退職したときは、機構から退職金が直接支払われます。

2　加入対象者

従業員は原則として全員加入になりますが、定年などで近々に退職することが明らかな従業員、休職期間中の従業員、有期雇用契約により雇われている従業員等は加入対象者からはずすことも可能です。

また、個人事業の場合の事業主およびその配偶者、法人企業の場合の役員（使用人兼務役員を除く）を加入させることはできません。

他制度との重複加入の可否については、中小企業退職金共済法に基づく「特定業種（建設業、清酒製造業、林業）退職金共済制度」の従業員は重複加入できませんが、市町村や商工会議所などの団体が実施主体となって行う特定退職金共済制度とは重複加入が認められています。

3　掛金と退職金

掛金は5,000円から30,000円までの16種類から選択することができ、事業主が従業員ごとに掛金を決定します。

また、1週間の所定労働時間が、同じ企業に雇用される通常の従業員より短く、かつ30時間未満である従業員については、通常の掛金の他に2,000円から4,000円までの3種類の低掛金からも選択することが可能です。

退職金は基本退職金と付加退職金の合算額になります。

そのうち、基本退職金については長期加入者ほど有利になるようになっており、加入後1年未満は掛け捨て、2年から3年6か月までは掛金相当額になり、3年7か月めから運用利息が加算されて支給されます。

＊基本退職金——掛金月額と納付月数に応じて固定的に定められている。
　　　　　　　　予定運用利率は現在1％。
＊付加退職金——実際の運用利回りが予定運用利回りを上回った場合に支給。
　　　　　　　　運用収入の状況等によって定められる。

4　過去勤務期間通算制度

中退共制度に事業主が新規に加入する際、既に1年以上勤務している従業員については、加入前の勤務期間を通算することができます。

過去勤務通算時の掛金月額は、通常の掛金月額と同様の16種類が設定されており、本契約の掛金月額と同額以下で決めることができます。

なお、実際に納付する過去勤務掛金の額は過去勤務通算月額掛金に過去勤務期間から実際の納付月までに運用したと仮定した場合の利回りを加えた額となり、契約の効力の生ずる月から5年以内に分割納付の方法により本体掛金と併せて納付することになります。

また、過去勤務期間の通算の申出をする際は、契約申込みをする従業員全員を対象とすることになっていることと、適格退職年金制度から移行する従業員については、過去勤務期間の通算はできないことをふまえて対応する必要があります。

5　税制面

確定拠出型の制度であり、掛金については、法人の場合は掛金全額を損金算入、個人事業の場合は掛金全額を必要経費として計上することができます。

退職金については、退職時に一時金で受領する場合は退職所得となり、分割で受領する場合は雑所得となり、公的年金等控除が適用されます。

また、解約手当金は一時所得になり、遺族一時金については相続税が課税されます。

6　国の助成

中退共制度に加入する事業主には、掛金について国の助成があります。

＊新規加入時の掛金助成

(1) 掛金月額の2分の1（従業員ごとに上限5,000円）を加入後4か月めから1年間国が助成します。

(2) 掛金月額4,000円以下のものについては、上記助成にさらに上乗せして助成します。（下記参照）

　　・掛金月額2,000円の場合は300円
　　・掛金月額3,000円の場合は400円
　　・掛金月額4,000円の場合は500円

ただし、適格退職年金制度から移行する場合は、新規加入時の国の助成は受けられません。

＊掛金月額変更時の助成

掛金月額が18,000円以下の従業員の掛金を増額する事業主に、増額分の3分の1を増額月から1年間、国が助成します。

7　中退共のメリット

◇事業主のメリット

（1）退職給付債務の認識が不要

　確定拠出型の制度であり、退職給付債務の認識は不要であり、運用差損の補填、積立不足対応などの問題も発生しないため、事業主が掛金の追加拠出をすることはありません。

（2）導入、管理が容易

　導入に関しては、コストがかからず、手間もかかりません。

　従業員ごとの納付状況、退職金額についても機構が管理し、事業主へ連絡するため、退職金の管理が容易です。

　従業員ごとに決まった掛金が口座振替されますので、掛金の算出や掛金支払事務などの事務負担もありません。

（3）ランニングコストがかからない

　国の制度であるため、導入後も手数料等のランニングコストの心配がありません。

（4）適格退職年金からの資産の移管ができる

　平成17年4月1日から適格退職年金の資産を全額、中退共に移管することが可能になりました。

　また、その移管に係る費用や税金はかかりません。

◇従業員のメリット

（1）退職金としてまとまった金額を受領できる

　本来の退職金制度との相関が大きく、退職時に退職金として、まとまった金額を受領することができます。

（2）ポータビリティがある

　中退共に加入している他の事業所へ転職した場合、前の事業所での掛金納付月数を通算することができ、また特退共制度（Q53参照）との相互通算も可能です。

（3）倒産リスクに対して強い

　事業所（会社）の破綻等があっても、それまでに拠出された掛金に対する退職金は保障されており、経済・金融危機が叫ばれる昨今においては、それらのリスクに対する退職金保全の観点からは安心できる制度であるといえます。

8 中退共のデメリット
◇事業主のデメリット
（1）一定規模以下の中小企業しか加入できない
　業種により、加入できる企業の条件（常用労働者数又は資本金・出資金の額による制限）があり、将来的に企業成長があり、中小企業の規模以上になった場合は、中退共制度から脱退しなければならず、成長企業やすでにある程度の規模になっている中小企業については注意が必要です。
（2）毎年一定のキャッシュフローが必要
　外部拠出型の制度であり、運用状況が好転したとしても、企業が拠出する掛金月額は固定されているため、企業業績や運用環境にかかわらず、毎年一定のキュッシュフローが必要です。
（3）適格退職年金からの資産移管は中退共新規加入企業のみ
　すでに中退共に加入している企業については、適格退職年金の資産を移管することはできず、どうしても適格退職年金の資産を中退共に移管したい場合は、既契約の中退共契約を一度解約し、改めて適格退職年金からの移管先として、中退共に加入するしかありません。
　なお、上記解約時に従業員に分配される金額は、一時所得になります。
◇従業員のデメリット
（1）退職金額が不確定
　中退共の予定運用利率（現在は1％）が変更になる可能性もあり、退職金受取額は不確定です。
（2）退職金請求手続
　容易な手続ではありますが、退職金請求手続は退職した従業員が中退共本部に対して行わなければなりません。

特定退職金共済（特退共）制度

Q53 特定退職金共済制度の概要と留意点（メリット、デメリット）について教えてください。

A53 特定退職金共済制度は確定拠出型の制度であり、退職給付債務の対象にはなりません。

第3章　退職金制度

制度概要と留意点は次の通りです。

1　制度の概要

各地域の商工会議所、商工会、商工連合会等が、所得税法施行令73条の規定に基づき、所轄税務署長の承認のもとに特定退職金共済団体を設立して実施している制度です。

企業は商工会議所などと退職金共済契約を締結することにより加入することになります。

2　加入対象者

従業員全員一括加入が原則です。

また、個人事業の場合の事業主およびその配偶者、法人企業の場合の役員（使用人兼務役員を除く）を加入させることはできません。

期間を定めて雇われている者、試用期間中の者、パートタイマーのような労働時間の特に短い者、休職中の者等については加入させないこともできます。

3　掛金と退職金

掛金は1人あたり1,000円から30,000円までの間で選択することができ、1口1,000円の口数制になっています。

掛金の増口は自由にできますが、減口は従業員の同意等が必要です。

また、人事制度とリンクさせて、掛金を決定することも可能です。

給付については、退職一時金、退職年金、遺族一時金の3種類があり、退職一時金については加入口数と加入期間に応じて支払われ、加入期間10年以上の場合は、退職者の希望に応じて退職年金を選択することも可能です。

遺族一時金については、被共済者が死亡したときに、遺族に対して、死亡時の退職一時金の額に、1口あたり10,000円を加算した額が支払われます。

4　過去勤務期間の通算

この制度に新規加入する事業所の場合、以前から勤続している従業員については、過去に勤務していた期間も含めて加入することができ、実際の勤務期間に応じた給付金の支給を受けることができます。

5　税制面

確定拠出型の制度であり、中退共（Q52参照）と同じ取扱いがされます。

第2部　Q&A

6　特退共のメリット

◇事業主のメリット

（1）退職給付債務の認識が不要

　確定拠出型の制度であり、退職給付債務の認識は不要であり、運用差損の補填、積立不足対応などの問題も発生しないため、事業主が掛金を追加拠出することはありません。

（2）業種、規模に関係なく加入できる

　中退共のように業種ごとに加入できる企業の条件設定がないため、企業規模に関係なく加入でき、将来的に企業規模が拡大しても脱退する必要はなく、成長企業が長期的視点で導入できる制度です。

（3）中退共との重複加入可能

　中退共との重複加入ができますので、中退共の掛金だけでは退職金をまかなえない場合、きわめて類似した制度である特退共に加入することにより、基本スキームを維持しつつ、準備すべき退職金のレベルに近づけることが可能です。

◇従業員のメリット

（1）退職金としてまとまった金額を受領できる

　掛金負担は、中退共と同様事業主が全額負担します。

　本来の退職金制度との相関が大きく、退職時に退職金として、まとまった金額を受領することができます。

（2）中退共との退職金通算が可能

　中退共加入企業からの転職、または中退共加入企業への転職の場合、退職金を通算することができます。

（3）税務と経理処理について

　加入従業員が受け取る退職給付金は退職所得、退職年金は雑所得となります。また、遺族給付金は死亡退職金として相続税の対象となり、解約金については一時所得となります。

7　特退共のデメリット

◇事業主のデメリット

（1）毎年一定のキャッシュフローが必要

　外部拠出型の制度であり、運用状況が好転したとしても、企業が拠出する掛金月額は固定されているため、企業業績や運用環境にかかわらず、毎年一定のキャッシュフローが必要です。

（2）適格退職年金からの資産の移管はできない

適格退職年金の資産を移管することはできないため、適格退職年金については一度解約しなければなりません。この場合の解約による従業員への分配金は一時所得になり、所得税の面で負担が大きい従業員が出てしまう可能性があります。

（3）掛金の事業主還付の禁止

掛金として払い込まれた金額は、たとえ、従業員が懲戒解雇になったとしても事業主に対しては返還されません。また、やむを得ず途中で契約を解約した場合でも解約金は加入従業員へ返還され、事業主には返還されません。

◇従業員のデメリット

（1）退職金額が不確定

独自にいくつかの生命保険会社と契約を結び掛金の運用を代行してもらうため、特退共間で掛金の利率が違う場合があります。また、生命保険会社の財務状況を考慮することも大切です。

特退共の予定運用利率が変更になる可能性もあり、退職金受取額は不確定です。

（2）退職金請求手続

容易な手続ではありますが、退職金請求手続は退職した従業員が直接退職金共済団体に対して行わなければなりません。

● 企業型確定拠出年金（401ｋ）

Q54 確定拠出年金（企業型）について概要と留意点（メリット、デメリット）について教えてください。

A54 確定拠出年金（企業型）とは、労使合意に基づき確定拠出年金規約を制定し、承認を受けた企業が拠出した掛金を従業員が自らの責任において運用の指図を行う制度です。

その資産運用は従業員自らが自己責任のもとに運用し、その実績次第で受け取る金額が変わります。

日本版401ｋまたはDC（Defined Contribution）とも呼ばれます。

なお、加入資格についての差別的取扱いは禁止されています（一

> 定条件の下、特定の者を加入者とすることは可）。

1 メリット

◇事業主のメリット

（1）退職給付債務の認識が不要

　企業は掛金を拠出するのみで、退職給付債務の認識は不要です。したがって、運用差損の補填、積立不足対応などの問題も発生せず、事業主が掛金を追加して拠出することはありません。そのため確定給付企業年金制度などと比較して、事業計画等への影響を抑えられます。

（2）中途採用時のプラス面

　ポータビリティがある制度（資産の持ち運びができる）のため、採用したい優秀な人材が前職の企業において確定拠出年金制度に加入していた場合などは、アピール要因になります。

（3）適格退職年金からの資産の移管ができる

　ただし、勤続年数と掛金により移管限度額が定められています。

◇従業員のメリット

（1）年金資産の保全

　年金資産は従業員自身に帰属するので、万が一、企業が倒産しても保全されます。

（2）自主運用

　資産形成を従業員の自主運用により行うことができます。したがって運用成績によっては、年金額を増やすことができます。

（3）転職時に不利にならない

　年金資産の持ち運びが可能なため、転職に際して不利になりません。ただし、確定拠出企業年金制度のない企業に転職した場合は、個人型確定拠出年金へ既存資産は移換され、状況によって運用指図者もしくは個人型確定拠出年金の加入者となります。

（4）年金資産残高の把握ができる

　年金資産残高（掛金と運用収益の合計額）は加入者ごとに記録管理されるため、加入者が常に残高を把握することができます。

2 デメリット

◇事業主のデメリット

（1）導入、運用にコストがかかる

　導入とその後の運用において、運用管理機関等（金融機関）に対する管理コストおよび従業員が自主運用するにあたっての投資教育が義務付けられており、ランニングコストがかかります。

　また、今後、企業の拠出に加え、加入者自身の拠出も検討されたことがあり、もしこれが実現すれば、企業の拠出金管理業務もさらに増大する要因となります。

（2）積立不足解消

　適格退職年金制度から移行する際には、積立不足の解消が必要になりますので、積立不足がある場合、多額のキャッシュアウトが発生することがあります。

　また、給付額を減らすことにより積立不足を解消する場合は、退職金制度の不利益変更になるため労使合意が必要になります。

（3）人事考課を反映しづらい

　3年以上の加入者については、年金資産は事業主に返還されないため、退職時の理由を制度に反映することができません。なお勤続3年未満で退職した場合にのみ、個別管理資産を事業主に返還するよう規約に定めることができます。ただし、経理処理に注意が必要です。

◇従業員のデメリット

（1）不確定な給付額

　確定給付型の制度ではなく、運用リスクは従業員が負うため将来の給付額は確定しません。運用実績によっては、予想した給付額を受け取れない可能性があります。

（2）途中引き出しが難しい

　原則60歳までの引き出しができず、退職時等にまとまった資金を引き出すことができません。

　（平成17年の法改正により、通算拠出期間3年以下または資産残高が50万円以下の場合は、脱退一時金として途中引き出しができるようになりました。）

◉ 規約型確定給付企業年金

Q55 規約型確定給付企業年金について概要と留意点(メリット、デメリット)について教えてください。

A55 規約型確定給付企業年金は、その仕組みが適格退職年金と類似しています。
この制度は、事業主と従業員が労使合意により年金規約を締結し、その規約に基づき、信託銀行や生命保険会社等の外部機関で資産が管理・運用され、その給付も外部機関から直接従業員になされます。
なお、適格退職年金と類似しているものの、後述の「2 デメリット」にあるように「積立不足があれば一定期間内に不足を解消するために掛金を拠出しなければならない」など、厳格な決まりがあり、会社の負担を勘案すると中小企業が導入するのは困難ともいえます。
また、給付には、①老齢給付金（法定給付）、②脱退一時金（法定給付）、③障害給付金（任意給付）、④遺族給付金（任意給付）の4種類があります。

1 メリット

◇**事業主のメリット**

（1）長期的に安定した制度継続が可能

　将来の退職金に対する財政検証を毎事業年度行い、掛金額の調整を行うため、長期的に制度を継続させていくことが可能です。

（2）従業員定着にプラス面

　将来の退職金給付額が約束されているため、優秀な従業員の定着につながります。

（3）掛金額の軽減可能性

　確定給付型であり、拠出額については約束していないため、運用実績がよければ掛金額が軽減されることもあります。また、上場株式による掛金納付も可能です。

（4）適格退職年金からの移管がしやすい

　適格退職年金からの資産移管が可能です。また、確定給付型年金は適格退職

年金と同じ確定給付型の制度であり、適格退職年金制度からの移行時に、現行の退職金支給制度の変更を最小限にとどめ、不利益の程度を少なくするような設計が可能です。

◇従業員のメリット
（1）退職金額が保障される

　将来の退職金額が保障されるため、安心して将来を設計することが可能です。

（2）運用のリスクや手間がない

　運用リスクや手間を企業が負担するため、運用等に関する専門知識を必要とせず、従業員が運用に関するリスクを負わず、運用指図や運用手続等の手間も不要です。したがって、安心して定められた退職金額が受領できます。

2　デメリット

◇事業主のデメリット
（1）退職給付会計の対象になる

　退職給付債務を認識しなければならず、積立不足部分は、「退職給付引当金」として負債計上しなければなりません。

　　注）退職給付債務とは、一定期間にわたり労働を提供したこと等の事由に基づいて、退職以後に従業員に支給される給付のうち認識時点までに発生していると認められるものをいい、割引計算により算定されます。

（2）解約時の負担

　確定給付型企業年金を廃止する時は労使合意が必要であり、その際は積立不足の解消が義務付けられています。

（3）毎事業年度ごとに見直しが必要（掛金の追加拠出をしなければならないこともある）

　確定給付型の制度であり、制度維持のために、毎事業年度ごとに、財政検証をし、給付設計の見直しを行い、積立不足が生じているときは、掛金の追加拠出をしなければなりません。

◇従業員のデメリット
（1）転職時の年金資産持ち運びが制限されている

　確定拠出年金や中退共のように、転職時に年金資産を自由に持ち運ぶことについて制限があり、ポータビリティが低い制度です。

（2）加入者ごとの持分が不明確

　年金資産に対して、加入者ごとにその持分が割り当てられているわけではあ

りませんので、加入者ごとの持分（原資）がどのぐらいあるのかが不明確です。

◉ キャッシュバランスプラン

Q56 キャッシュバランスプランについて概要と留意点（メリット、デメリット）について教えてください。

A56 キャッシュバランスプランとは、確定給付型年金に分類される制度です。個人ごとに設定された仮想的な勘定(確定拠出的勘定)と実際に企業が掛金を拠出して一括して運用する年金資産(確定給付的勘定)の二つの勘定が並存している制度となっています。

1 キャッシュバランスプランのメリット

◇**事業主のメリット**

（1）不測の積立不足が発生しにくい

保証する利率を市場（国債利回り等）に連動させておけば不測の積立不足が発生しにくくなります。

（2）掛金拠出額に制限なし

確定給付型年金であり、確定拠出年金の掛金限度額にかからないため、掛金拠出額に制限がなく、全額損金に算入をすることができます。

（3）従業員への説明がしやすい

仮想の個人勘定の額を把握できるので、従業員に対しての説明がしやすく、従業員の理解を得やすいといえます。

◇**従業員のメリット**

（1）運用リスクを負わない

確定給付型の制度であり、従業員は運用のリスクを負いません。

（2）自分の年金資産の目安が立てられる

仮想の個人勘定により、自分の持分が明確です。

2 キャッシュバランスプランのデメリット

◇**事業主のデメリット**

（1）退職給付会計の対象になる

確定給付型の制度であり、制度維持のために、毎事業年度ごとに財政検証され、運用状況が悪化しているときは、掛金の追加拠出をすることになります。

◇**従業員のデメリット**
（1）保証利率変動
　保証利率が変動することにより、将来の年金受取額が変動することがあります。
（2）中高年齢層に不利
　設計によって違いはありますが、基本的に退職時の最終給与に比例するという今までの日本企業の退職金カーブと違い、定年までなだらかなカーブで給付額が増えることになるので、中高齢層に不利になりやすいといえます。

退職金前払い制度

Q57 退職金前払い制度を導入する際の留意点（メリット、デメリット）について教えて下さい。また、選択制により前払い制度を導入することはできるでしょうか。

A57 退職金前払い制度とは、退職金原資を、毎月の賃金や賞与に退職金の前払い分として上乗せして支給する方法です。退職金制度廃止後の代替方法のひとつとすることもあります。
　しかし、前払い分は給与所得扱いになりますので、社会保険料、所得税、住民税増加につながることに留意する必要があります。

1　退職金前払い制度のメリット

◇**事業主のメリット**
（1）退職給付会計からの解放
　退職金について、将来にわたる積立義務がなくなるため、退職給付会計の対象外になります。したがって、会社は運用利回り悪化や積立不足といった問題から根本的に解放されることになります。
（2）自由設計
　確定拠出年金、確定給付型年金のような法的な制約がないため、会社ごとに独自に自由に制度の設計ができます。

◇**従業員のメリット**
（1）現在の手取り収入が増える
　在職中の手取り収入が増えることにより、例えば「退職後より当面の子供の

教育費に収入を充てたい。」といった個人の希望や価値観に合わせて、増えた手取り収入を利用することができます。
（2）自由運用
　退職金の前払いとして発生した収入を、退職後に備えて自己裁量で自由に運用することができます。

2　退職金前払い制度のデメリット

◇**事業主のデメリット**
（1）従来の退職金制度の精算
　退職金前払い制度に移行する場合、従来の退職金制度廃止日までに計算される退職金を会社が支払わなくてすむわけではありません。事前に精算額を試算し、一括払いが困難な場合は、分割払いを検討したり、従来制度廃止の対象を全従業員ではなく年齢や勤続年数等の条件で絞った一部の従業員にする等の措置が必要となる場合があります。
（2）従業員にとって長期勤続の動機付けがなくなる
　前払いで退職金を支払ってしまうため、従業員に対して長期勤続を奨励する有力な手段がなくなることになります。また、勧奨退職など会社都合で従業員に退職してもらう際に、退職金が事実上の解決金としての役割を担う場合がありますが、退職金前払い制度を導入すると、このような使い方はできなくなります。
（3）社会保険料増加
　前払いとして支払った分の金額も、社会保険料の標準報酬に含まれて計算されてしまうため、会社の法定福利費も増加します。
（4）適格退職年金から移行する場合
　適格退職年金からの資産移管はできません。

◇**従業員のデメリット**
（1）課税におけるマイナス面
　前払いされた分は給与所得、一時所得扱いとなり、退職所得控除の税制優遇を受けることができません。
（2）社会保険料、住民税増加
　所得が増えることにより、従業員の社会保険料、所得税、住民税も増加することになります。
　上記の不利益を労使でどう調整するかの検討が必要になります。

3 選択制の可否について

退職金の前払い制度を選択制にすることは可能です。選択制にしている企業として有名なのは、パナソニック株式会社（旧：松下電器産業株式会社）が挙げられます。

◉ 厚生年金基金

Q58 厚生年金基金制度の概要と留意点(メリット、デメリット)について教えてください。

A58 厚生年金基金は、厚生年金の老齢給付の一部を国に代わって支給する年金制度です。厚生年金基金の代行する部分に基金ごとに定められた独自のプラス・アルファ部分を加算した年金を支給することを条件に厚生労働大臣の認可を受けた年金制度となります。
したがって、厚生年金基金の加入者の場合、国と基金の両方から老齢給付を受けることになり、国から支給される年金額と加入していた基金から支給される分の合算額を受給できることになります。
なお、場合により、基金の支給部分のみ一時金で受給することができますし、短期間の厚生年金基金の加入期間分の年金額は、加入していた厚生年金基金ではなく企業年金連合会から支給されることになっています。
基金の種類には、以下のように2種類あります。
　①単独設立：企業が単独で設立。1,000人以上の加入員が必要。
　②連合設立：主力企業を中心に2つ以上の実質的連携関係にある複数の企業が主力企業を中心として共同で設立。1,000人以上の加入員が必要。

1 メリット
◇事業主のメリット
（1）従業員定着にプラス面
　将来の退職金給付額が約束されているため、優秀な従業員の定着につながります。

第2部　Q&A

(2) 運用時にスケールメリットあり

　基金でまとまった年金資産を運用するために、運用環境、運用成績が良いときは、そのスケールメリットを受けることができます。

◇従業員のメリット

(1) 退職金額が保障される

　将来の退職金額が保障されるため、安心して将来設計を立てることが可能です。

(2) 運用のリスクや手間がない

　運用リスクや手間を企業が負担するため、安心して、将来まとまった金額を受領できます。

(3) 社会保険料控除

　掛金は全額社会保険料控除になります。

2　デメリット

◇事業主のデメリット

(1) 加入に企業規模制限あり

　厚生年金基金を企業が単独設立する場合は、加入員が最低でも1,000人以上必要であり、中小企業が単独で厚生年金基金を設立することは困難です（Q70参照）。

(2) 退職給付会計の対象になる

　確定給付型の制度であり、退職給付債務が発生することも多く、退職給付会計の対象となります。

(3) 解散と脱退

①解散した場合

　代行部分は企業年金連合会が代行年金の支給義務を引き継ぎます。上乗せ給付部分は解散により年金給付が消滅します。解散基金の残余財産は、一時金として加入員に分配されます。この分配金を企業年金連合会に交付することにより代行加算年金として年金を受け取ることも可能です。また、上乗せ給付部分を確定拠出年金（企業型年金）の資産管理機関に移管することができます。

②脱退する場合

　それまで運用を代行していた積立部分を国に返上することになります。その際、たとえその事業所の運用実績が悪く赤字がかさんでいたとしても、赤字分を事業所が補填した上で返す義務があります。

◇従業員のデメリット
（1）転職時の年金資産持ち運びが制限されている
　確定拠出年金や中退共のように、転職時に年金資産を自由に持ち運ぶことについて制限があり、ポータビリティが低い制度です。

民間保険商品の退職金への活用

Q59 民間保険を活用する際の留意点（メリット、デメリット）について教えてください。

A59 民間保険の養老保険や長期平準定期保険などを活用することにより退職金を準備する場合、状況によっては、解約返戻金を会社の運転資金等の退職金支払以外の用途に利用することが可能です。
また、契約者貸付制度を利用できる場合もあります。

1　民間保険活用のメリット

◇事業主のメリット
（1）自由設計
　確定拠出年金、確定給付型年金のような法的な制約がないため、企業が独自に自由に退職金制度の設計、運用をすることができます。
（2）運用益を企業の含み資産にできる
　運用環境がよく、その運用により利益が上がれば、その分は企業の含み資産とすることができます。
（3）退職金以外のリスクをカバーすることも可能
　従業員死亡時には、その遺族に対して遺族一時金を支給するなどの商品があります。
　満期退職金受領と死亡保障を両立させた2分の1損金商品（ハーフタックス）などもあります。

◇従業員のメリット
（1）退職金額が保障される
　将来の退職金額が保障されるため、安心して将来を設計することができます。
（2）運用のリスクや手間がない
　運用リスクや手間を企業が負担するため、従業員は、運用に責任を持つこと

第2部　Q&A

がなく、手続等も発生しません。
（3）死亡時の補償も可能
　従業員死亡時には、その遺族に対して遺族一時金を支給する商品も活用することが可能です。

2　民間保険活用のデメリット

◇事業主のデメリット
（1）積立不足に補填が必要
　運用利回りが低下し、積立不足が発生したときは、その不足分に対して事業主が責任をもって補填することが必要となります。
（2）税務メリットがなくなった
　平成14年度の税制改正により、退職給与引当金制度が廃止され、無税で積立てをしていくことができなくなりました。
（3）税務処理に関する取扱いが変更されるリスク
　損金で処理できることを前提に民間保険を活用した制度設計をしても、税制改正や国税庁、管轄の税務署の見解などにより、損金計上できなくなる可能性があります。

◇従業員のデメリット
（1）転職時の年金資産持ち運びが制限されている
　確定拠出年金や中退共のように、転職時に年金資産を自由に持ち運ぶことについて制限があり、ポータビリティが低い制度です。
（2）年金資産は企業に帰属
　確定拠出年金や中退共と違い、年金資産はあくまでも企業に帰属することになり、従業員には帰属しません。

適格退職年金

Q60 適格退職年金制度の特徴について教えてください。

A60 適格退職年金とは、事業主が契約した金融機関（生命保険会社、信託銀行）に退職金や退職年金の資産の積立てを行う企業年金制度の1つです。

第3章 退職金制度

税制適格退職年金（適年）

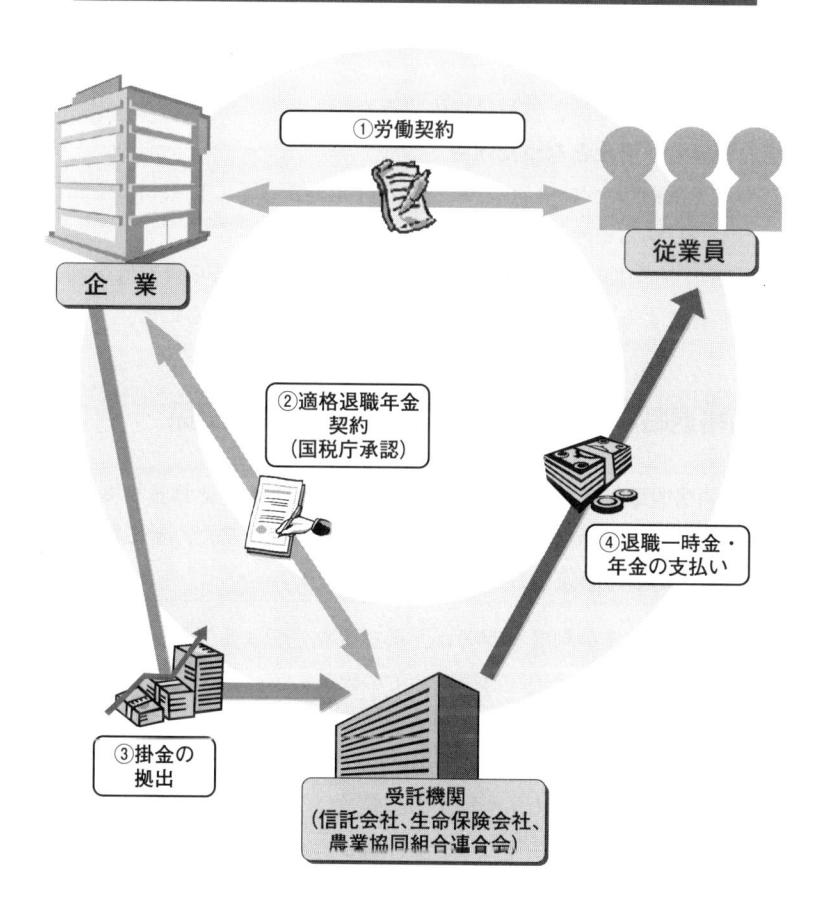

① 労働契約
② 適格退職年金契約（国税庁承認）
③ 掛金の拠出
④ 退職一時金・年金の支払い

企業 — 従業員
受託機関（信託会社、生命保険会社、農業協同組合連合会）

　適格退職年金制度の仕組みは、企業が掛金を拠出し、金融機関が年金資金を運用します。従業員は退職すると、退職金規程（年金規程）等の内容に応じて、退職年金を受け取るということになります。
　適格退職年金は、平成24年4月1日以降は税制上の優遇措置を受けられなくなります。
　現在、適格退職年金を実施している企業は、平成24年3月末までに他の退職給付制度に移行しないと引き続き税制上の優遇措置を受けられなくなります。

特　徴

- 法人税法施行令第159条の適格要件を満たした退職年金制度である。
- 企業の拠出する掛金は全額損金に算入できる。
- 掛金は外部機関に積み立てる。
- 事業主、事業主の親族、役員は加入できない。

適格退職年金が廃止となった理由

- 積立不足を解消したり、防止したりする仕組みがなく、従業員の受給権の保護が不十分であること。
- 適格退職年金の運用利率は5.5％で設計していたが、長く続く低金利、運用環境の悪化により、実際に多額の積立不足が発生していること。

◉ 適格退職年金制度の解約と退職金制度の関係

Q61 適格退職年金制度を解約し、積立金を分配し、退職金制度自体を廃止してしまいたいのですが可能でしょうか。また、その場合の注意点はあるでしょうか。

A61 適格退職年金制度を解約し、積立金を分配することは可能です。
ただし、退職金規程は存続していますので、他の方法、制度により資金を準備しておくことが必要になります。
また、退職金制度（退職金規程）自体を廃止することは大きな不利益変更になるため、①変更の必要性、②変更の相当性、③適正手続を総合考慮してすすめる必要があります。

注意点

（1）適格退職年金を廃止しても、退職金制度（規程）が無効になるわけではないため、退職金規程に基づき計算された退職金支払のための資金準備、資金調達は必要となります。
　また、退職金制度を廃止することは「不利益変更」となるため、可能なかぎり労働者の合意を得られるよう配慮する必要があります。
（2）適格退職年金を解約した場合の解約返戻金は、直接各従業員に支払われることになります。
（3）従業員に支払われる解約返戻金は退職所得ではなく、一時所得として所

得税が課税されることになるため、一般的に課税上不利になります。

◎ 適格退職年金の資産移管について

Q62 適格退職年金の資産の移管ができる退職金制度について教えてください。また、移行時の積立不足解消の要否や事務経費負担等についても教えてください。

A62 適格退職年金の資産の移管ができるものには下記の５つがあります。
・中小企業退職金共済制度（Q52参照）
・確定拠出年金制度（企業型）（Q54参照）
・確定給付企業年金制度（規約型）（Q55参照）
・確定給付企業年金制度（基金型）
・厚生年金基金制度（Q58参照）

　中小企業の場合、この中である程度の社員数がないと移行先として現実的ではない確定給付企業年金制度（基金型）と厚生年金基金制度を除外すると、実質的には「中小企業退職金共済制度」、「確定拠出年金制度（企業型）」、「確定給付企業年金制度（規約型）」の３つが主に検討対象となります。

　それぞれに特徴があり、組み合わせても制度設計できます。詳細については、各Qを参照してください。

　移行時の積立不足解消の要否については、それぞれ以下のとおりです。
・中小企業退職金共済制度──不要
・確定拠出年金制度（企業型）──必要

　　ただし、給付減額により、その年金債務（責任準備金）を減少させ、実質的には不足補填を回避できることもあります。
・確定給付企業年金制度（規約型）──不要

　事務経費負担については、適格退職年金の資産を中退共に移管する場合、事務手数料は一切かかりません。他の確定拠出年金や確定給付企業年金に移管する場合は、金融機関（運営管理機関）への事務委託手数料がかかります。

　ただし、中退共、確定拠出年金、確定給付企業年金へは資産移管が認められ

127

ている制度のため移管に際して税金はかかりません。また、特退共や退職一時金制度へは、適年の資産移管が認められていないため、適年契約を解約する必要があり、その解約返戻金は一時所得扱いになります。

◉ 厚生年金基金からの脱退

Q63 厚生年金基金を脱退する際、または解散する際の留意点と経費負担について教えてください。

A63 事業所が厚生年金基金を脱退(以下、「退会」という)する場合、それまで運用を代行していた積立部分を国に返上しなければなりません。その際、たとえその事業所の運用実績が悪く赤字がかさんでいたとしても、赤字分を事業所が補填した上で返す義務があるので、従業員が多ければ多いほど、一時的に負担する金額が大きくなります。
また、基金の設立事業所が減少する場合、当該減少に伴い他の設立事業所が負担する掛金が増加するときは、当該基金は、規約で定めた計算方法により算出した額を、退会する事業主から掛金として一括徴収するように法律で定められているため、規約をよく確認しておく必要があります。

＊脱退に係る掛金は原則として事業主が負担しなければなりませんが、規約で定めることにより、加入員も一部負担することができます。

厚生年金基金の解散は、以下の場合に厚生労働大臣の認可を受ければ可能になります。
①代議員の定数の4分の3以上の多数による代議員会の議決
②基金の事業の継続の不能

基金が解散する場合において、当該解散をする日における年金給付等積立金の額が、政令で定める額を下回るときは、当該基金は、その下回る額を、設立事業所の事業主から掛金として一括徴収するように法律で定められています(解散に係る掛金は原則として事業主が負担しなければなりませんが、規約で定めることにより、加入員も一部負担することができます。)。

厚生年金基金を退会した場合の加入員は中途脱退者として取り扱われ、年金

給付等の積立金は企業年金連合会に移管されます。

中途脱退者や解散基金加入員に係る措置についても、社員への説明に備えて確認しておく必要があります。

人事評価と退職金制度

Q64 人事評価を退職金制度にうまく反映させたいのですが、どうしたらよいでしょうか。
また、会社への貢献度や懲戒などについても大きく反映させていきたいのですが、どの制度が適しているのでしょうか。

A64 「中小企業退職金共済制度」、「特定退職金共済制度」、「確定拠出企業年金（企業型）制度」については、毎月一定の金額を拠出し、積み立てますが、将来の給付額が確定していません。
これらに対して、「確定給付企業年金制度」は将来の給付額が確定しています。
どの制度についても、単一制度の導入では「人事評価、貢献度、懲戒など」の属人的な要素を給付額について直接に反映させることは困難です。

「中小企業退職金共済制度」、「特定退職金共済制度」、「確定拠出企業年金（企業型）制度」については、原則として、給付金は企業を通さずに従業員のもとに直接入ります。

人事評価、貢献度、懲戒などを給付金額に反映させるには、給付額が決定している「確定給付企業年金制度」を採用し、「人事評価、貢献度、懲戒など」による変動要素を上乗せする方法が適当でしょう。この変動要素を反映した部分については「内部留保による退職一時金制度」により準備することができます。

また、金融環境による影響が比較的少なく個人の投資能力と関わりのない「中小企業退職金共済制度」、「特定退職金共済制度」による最低基準の給付額をある程度想定し、これをベースにした上で、変動部分に充てるために「内部留保による退職一時金制度」と併用する方法をとることもできます。

なお、「確定拠出企業年金（企業型）」については、主として「金融環境や個

人の投資能力」により、その給付額に大きな差が出ることがありますが、「人事評価、貢献度、懲戒など」を考慮したポイントを従業員ごとに決定し、そのポイントを拠出金額の見直しの際に反映させることもひとつの方法です。

◎ 退職給付会計の対象となる退職金制度

Q65 退職給付会計の対象になる制度はどれでしょうか。
また、各制度の税制面における特徴について教えてください。

A65 退職給付会計とは、退職給付債務を現時点で認識しなければならず、積立不足部分は、「退職給付引当金」として負債計上しなければならないことをいいます。
退職給付会計の対象になる制度は確定給付型企業年金、厚生年金基金、キャッシュバランスプランとなります。
また、各制度の税制面での特徴は以下のとおりです。

①中小企業退職金共済
　掛金：法人の場合は掛金全額を損金算入、個人事業の場合は掛金全額を必要経費として計上することが可能です。
　退職金：退職時に一時金で受領する場合は退職所得となり、分割で受領する場合は雑所得となり、公的年金等控除が適用されます。
　　また、解約手当金は一時所得になり、遺族一時金については相続税が課税されます。
②特定退職金共済制度
　掛金、退職金ともに、中小企業退職金共済と同様の扱いになります。
③確定拠出企業年金（企業型）
　掛金：法人の場合は掛金全額を損金算入、個人事業の場合は掛金全額を必要経費として計上することが可能です。
　老齢給付金：年金受給の場合には雑所得となり、公的年金等控除が適用されます。一時金を選択受給したときは退職所得扱いになります。
　障害給付金：所得税、住民税ともに非課税になります。
　脱退一時金：一時所得になり所得税等が課税されます。
　死亡一時金：相続税が課税されます。

④確定給付企業年金制度

　掛金：事業主が負担した場合は、全額が損金に算入され、加入者が負担した場合は、掛金は、生命保険料控除の対象となります。

　老齢給付金：年金での受給は、雑所得として公的年金控除が適用されますが、一時金で受給したり、脱退一時金を受給する場合は退職所得として退職所得控除が適用されます。

　障害給付金：非課税です。

　遺族給付金：相続税の課税対象となります。

⑤退職金前払い制度

　給与所得、一時所得扱いとなり、退職所得控除の税制優遇は受けられません。

⑥内部留保による退職一時金制度

　退職給与引当金制度の廃止により、現在は無税での積立てができません。

退職金制度の給付水準引下げと退職金制度の関係

Q66 各退職金制度において給付水準を引き下げるためにはどのようにしたらよいでしょうか。

A66 退職金の給付水準を引き下げるためには、退職金規程(外枠)を変更する必要があります。
退職金規程を変更できなければ、その内枠として扱われるそれぞれの退職金制度の給付や掛金をいくら減額しても、会社の退職給付債務はそのままであり、根本的な解決にはなりません。
退職給付水準を下げるためには、退職金規程の変更とその積立手段である退職金制度における給付減額(掛金減額)を関連づけて対応する必要があります。
ただし、適格退職年金の資産を確定拠出年金へ移管する際には、積立不足の解消が絶対要件になるため、その解消が必要になることに留意しておく必要があります。

1　退職金規程(外枠)の変更

　退職金規程や退職金支給に関して定められている就業規則を変更しなければ、会社は退職金の給付水準を下げることはできません。

また、改定後の規程を有効なものとするためには、労働協約による労働組合との合意を得るか、合理的な就業規則（退職金規程）を周知させる等の対応が必要になります。

これらの方法については、第2部第2章不利益変更をご参照下さい。

2　それぞれの退職金制度の減額方法や留意点（外部拠出型退職金制度）

それぞれの退職金制度における退職金給付や掛金の減額に関する方法や留意点は以下のようになります。

①中小企業退職金共済制度

掛金月額の減額は次のいずれかの場合に限って行うことができます。

・掛金月額の減額にその従業員が同意した場合

　実務的には、減額したい従業員が同意（捺印）してくれれば、その従業員だけ掛金を減額することも可能です。

・現在の掛金月額を継続することが著しく困難であると厚生労働大臣が認めた場合

②確定拠出年金制度

適格退職年金の資産に積立不足があると、確定拠出年金へは資産移管できないため、一括拠出により積立不足を穴埋めできない場合は、適格退職年金を減額（一部減額）して確定拠出年金に移管することになります。

この場合、労働条件の不利益変更に該当しますので、労使合意形成等の対応が必要になります。

③確定給付企業年金制度

確定給付企業年金施行規則5条において、給付減額が可能となる場合について定められています。

この第5条では、経営の状態が悪化したことにより給付減額がやむをえない場合は、受給権者等の給付減額も可能であると規定しています。

つまり、やむをえない経営上の理由から、退職年金規程を変更し、それに基づき確定給付企業年金規約を変更した場合、退職後の年金受給者に対する給付減額も不可能ではないということです。

④厚生年金基金制度

母体企業の経営状態が著しく悪化していたり、権利義務の承継などによって給付設計を変更することがやむをえないと認められる場合は、加入員の3分の2以上の同意と加入員の3分の1以上で組織する労働組合の同意によって給付

水準を引き下げることができます。

3　内部留保型の退職金制度の給付減額

外部拠出型の退職金制度と違い、合理的な退職金規程変更（就業規則変更）によって、その減額は原則として自由に設計できます。

しかしながら、あらかじめ支給基準が定められている退職金は賃金として扱われるため、大幅な減額は労働者の被る不利益が大きくなり、無効になる可能性もあるため、注意が必要になります。

◉ 中小企業に適した退職金制度

Q67 中小企業に適した退職金制度は何でしょうか。

A67 厚生年金基金や確定給付企業年金のように加入要件に人数要件を設けている制度には、そもそも中小企業は加入できない場合があります。
積立不足解消や制度運営にかかる費用も、中小企業にとっては大きな負担になりますし、弾力的で自由度の高い制度が有用な場合もあります。
財務状況や人事戦略面における退職金の位置づけなども制度選択のための重要要素になります。

1　企業規模と加入要件

①一定の規模以上であることが加入要件となっている制度

制度名	加入人数要件	
厚生年金基金	単独設立	1,000人以上
	連合設立	1,000人以上
	総合設立	5,000人以上
確定給付企業年金	基金型	300人以上

②一定の規模以下であることが加入要件となっている制度

<table>
<tr><td rowspan="4">中小企業退職金共済制度</td><td colspan="1">業　種</td><td>加入できる企業</td></tr>
<tr><td>一般業種</td><td>常用従業員数300人以下
又は資本金・出資金3億円以下</td></tr>
<tr><td>卸売業</td><td>常用従業員数100人以下
又は資本金・出資金1億円以下</td></tr>
<tr><td>サービス業</td><td>常用従業員数100人以下
又は資本金・出資金5千万円以下</td></tr>
<tr><td>小売業</td><td>常用従業員数50人以下
又は資本金・出資金5千万円以下</td></tr>
</table>

2　財政面での負担度

①確定給付企業年金制度

　従業員の受給権を保護するために、毎事業年度ごとに厳しく財政検証することが義務付けられており、基準に達しない場合は不足債務の償却をしなければならないため、中小企業には負担になる場合があります。

　また、確定給付企業年金制度を取り扱う金融機関が小規模企業からの受託に消極的であることも、コストをふまえた選択肢を狭めているように思います。

②確定拠出年金制度

　適格退職年金の資産を確定拠出年金に移管する場合は、適格退職年金の積立不足を解消する必要があり、その資産の一部移管や給付減額を検討しても、積立不足が解消できないこともあるため、中小企業には特に移管時に財務負担がかかることがあります。

　また、移管後の制度運営については、適格退職年金や確定給付企業年金同様に金融機関への委託費用の他に、従業員への投資教育の費用もかかりますので、留意しておく必要があります。

③中小企業退職金共済制度

　事業主の負担としては、毎月の掛金の拠出のみであり、その負担の程度は他の外部拠出型の制度と比較して低くなります。

　中小企業にとっては、負担が少なく導入しやすい制度といえるでしょう。

3　人事戦略面における検証

①懲戒解雇した従業員に対する支給

　中小企業退職金共済制度や確定拠出年金制度などの確定拠出型の制度の場合、掛金拠出した時点で事業主は損金（必要経費）処理をしており、基本的には掛金等が事業主へ返還されることはありません。

　したがって、懲戒解雇した従業員に対しても、原則として給付がなされることになります。

②過剰給付に対する検証

　法改正や運用環境好転等により、現行の退職金規程以上の給付がされるような状況になっても、事業主は従業員から返還を求めることはできません。

　また、会社に大きな貢献のあった従業員に対して、その貢献に報いたい場合に、毎月定額の掛金を拠出する制度では十分に対応できないこともあります。

　確定拠出型の制度での給付は最低ライン維持として設計し、その上乗せとして金額を設定しない特別功労金などの制度を設けることも対策の一つです。

③内部留保型退職金制度と人事評価

　退職給与引当金制度が廃止されたことにより、内部留保型については退職金引当てのための毎期の内部積立てについて損金計上ができなくなりました。

　しかしながら、中小企業の人事戦略面では自由設計が可能なため、社員の貢献度や懲戒などをダイレクトに反映できるメリットがあります。

◉ 急成長する企業の退職金制度

Q68　今後、急激に成長が見込まれる会社における制度選択上の留意点は何でしょうか。

A68　中小企業退職金共済制度は、従業員数や資本金などが増えると、脱退せざるをえなくなります（特定退職金共済制度は企業規模による加入制限はありません。）。

　また、外部拠出型の制度（特に確定拠出型）の場合、従業員数増加等により各期日（各月等）ごとのキャッシュアウトが大幅に増加し、中小企業にとっては大きな影響が出ることもあります（損金計上はできます。）。

> また、確定給付型制度の場合は、従業員数の増加に比例して退職給付債務が大きく増加することもありますので注意が必要です。
> 将来的な分社化や長期的人事戦略、平均勤続年数なども判断の要素になります。

1 企業成長により脱退の可能性がある制度

中小企業退職金共済制度はQ67のとおり、一定の規模以下が加入要件となっていますので、その制限を超えると脱退しなければならなくなります。

2 財務面での検証（毎月のキャッシュアウト）

①外部拠出型（確定拠出型）制度

中小企業退職金共済、特定退職金共済、確定拠出年金は毎月、定額の掛金拠出が義務付けられているため、つまり、その拠出額が確定されているため、大幅な従業員増加に対しては、毎月のキャッシュアウトが確実に発生し、この支払いを先に延ばすことは原則としてできません（但し、掛金は損金計上できます。）。

②外部拠出型（確定給付型）制度

確定給付型企業年金の場合、掛金の拠出については、年1回以上定期的に拠出することが定められており、その額は将来の財政の均衡を保つように計算されていなければなりません。

しかしながら、毎月拠出することが義務付けられているわけではなく、規約で定めることにより、加入者も掛金の一部を負担することができるため、確定拠出型と比較して、大幅な従業員増に対して、会社実態に合わせた対応をしやすいといえます（掛金の拠出方法を変更するためには規約の変更が必要になります。）。

③内部留保型制度

毎月又は一定期日ごとの拠出をする必要がないため、会社の状況に応じて、退職金の準備（積立て）を行うことができます。

ただし、内部で積み立てた分については、会計基準の変更により損金にすることができなくなりましたので注意が必要です。

3 財政面での検証（退職給付債務）

①外部拠出型（確定拠出型）制度

毎月一定の掛金を拠出することにより、社員に対する債務の履行が完結する制度ですので、退職給付債務が発生せず、会社に追加拠出の負担は発生しません。

第3章　退職金制度

②外部拠出型（確定給付型）制度
　確定している退職給付に対して現在（当期）までに発生した部分を、毎期決算時点で債務として認識しなければならないため、運用環境悪化などの理由により追加負担が生じることがあります。
③内部留保型制度
　内部留保型については、退職金の前払い等でなく、通常の退職一時金制度であれば確定給付型になりますので、退職給付債務の認識が必要になります。

4　会社成長に伴う他の要因の検証

①分社化
　会社の急成長により、会社を分割したり、さらに他の会社を買収したりする可能性がある場合はポータビリティのある退職金制度を選択したほうが実務面でスムーズに処理をすすめられることがあります。
　中小企業退職金共済、確定拠出年金、確定給付型年金については、制度導入会社間での通算が可能です。
②人事状況、平均勤続年数
　確定給付型の制度は、従業員にとっては将来設計がしやすく安心な制度であるため、優秀な人材を定着させるためには効果があるといえます。
　また、会社の成長に伴い従業員の変動が大きい場合は、ポータビリティの視点のほかに平均勤続年数なども考慮し、会社実態に合う制度導入ないし設計を行う必要があります。

複数の退職金制度を導入する場合の留意点

Q69 複数の退職金制度を組み合わせて導入する際の留意点と具体例を教えてください。

A69 会社が約束している退職金は退職金規程に基づく給付なので、そのレベルを考慮して複数の制度を組み合わせることが大切です。
それぞれの制度をどのような目的のための給付に充てるのか、会社規模等に比較して複雑になりすぎていないかなどについて検討する必要があります。
また、それぞれの制度の支給条件や支給開始年齢などの相違を把握

第2部　Q&A

> しておく必要もあります。

1　複数制度導入時のチェック項目

①退職金規程の給付水準
②将来の各年ごとの支給予測額
③各制度に退職金の何％ずつを振り分けるのか
④各制度の支給条件、支給開始年齢
⑤各制度の給付（一時金 or 年金、退職時受給 or 老齢時受給）
⑥各制度の支給の目的
⑦適格年金の資産移管の処理

2　導入事例

①確定拠出年金と中退共を50％ずつ導入した例

　＜会社概況＞

　　メーカー　従業員数50名　平均年齢38歳

　＜制度の特徴＞

　　確定拠出年金――――退職金の最低保障レベルをカバー

　　中退共―――――――職務評価を反映（掛金に反映）

　＜留意点＞

　　・確定拠出年金は60歳まで受給できない。
　　・どちらも確定拠出型であるため、拠出した掛金は原則として会社に返還されず、また運用環境の好転により退職金規程の水準を大きく超えることがあっても、その超過分が会社に払い戻されることはない。

②適格退職年金を確定拠出年金（前払い退職金との選択制）と退職一時金に50％ずつ移行した例

　＜会社概況＞

　　金融業　従業員数200名　平均年齢42歳

　＜制度の特徴＞

　　適格退職年金の積立不足は穴埋めして移管せずに解約、分配。
　　退職金制度自体はポイント制で管理。

　＜留意点＞

　　・適格退職年金解約に伴う分配金（解約返戻金）は一時所得扱いになる。
　　・前払い退職金を選択した場合は、住民税や社会保険料が上がる。

第3章　退職金制度

・確定拠出年金は60歳まで受領できないため、中途退職者への給付には退職一時金制度からしかカバーできないことを認識しておく。

③適格退職年金を中小企業退職金共済と民間保険（養老保険）に50％ずつ移行した例

＜会社概況＞

　　不動産業　従業員数100名　平均年齢35歳

＜制度の特徴＞

　　適格退職年金の資産は全額中小企業退職金共済へ移管。

　　会社の退職金規程の水準に比較して、中退共給付水準では50％しかカバーできないため、不足する50％分のために民間保険を活用。

　　養老保険満期に伴う解約返戻金は会社に一度入金されるため、状況によっては退職金を他の資金に活用することも想定。

＜留意点＞

　　・適格退職年金の資産を中小企業退職金共済に移管する際は、積立不足を穴埋めする必要がないため、積立不足は移管後も継承される。

　　・民間保険については、将来的に損金処理が変更になるリスクがゼロではない。

◉ 退職金制度のメリット・デメリット一覧

Q70 各制度のメリット、デメリットについて事業主の視点及び従業員の視点でまとめてください。

A70 事業主のメリット、デメリット、従業員のメリット、デメリットについては次頁の表のとおりです。

第2部　Q&A

手段	概要		メリット	デメリット
A．厚生年金基金（資産移管可）	現行の厚生年金基金 単独設立：1,000人以上 連合設立：1,000人以上 総合設立：5,000人以上	事業主	①運用主体を別法人とすることが可能 ②税制面で有利（代行給付の2.84倍までは非課税） ③従業員確保・定着につながる ④運用時スケールメリットを享受できる	①退職給付会計の対象となる ②運用利回り低下時は積立不足が生じる可能性あり、不足分は補填が必要
		従業員	①将来一定の給付額が保障される ②運用につきリスクを負わない ③掛金は金額社会保険料控除	転職時のポータビリティ制限
B．確定給付企業年金基金型（DB）（資産移管可）	厚生年金基金の代行給付を行わない制度だが、仕組みは現在の厚生年金基金と基本的に同じ。 給付を決定し、保険料を算出するタイプの年金。 認可基準：常時300人以上	事業主	①役員等も加入可能 ②従業員確保・定着につながる ③運用環境が良ければ掛金軽減可 ④上場株式による掛金納付が可能 ⑤自家運用できる	①退職給付会計の対象となる ②運用利回り低下時の積立不足は事業年度ごとに積立義務あり ③解散（解約）時は積立不足の解消・労使合意が必要 ④掛金の引下げは労使合意が必要 ⑤凍結中ではあるが特別法人税が課せられる
		従業員	①将来一定の給付額が保障される ②運用リスクを負わない	①転職時のポータビリティ制限 ②加入者ごとの年金原資が不明確
C．確定給付企業年金規約型（DB）	適格年金の「受給者保護」を更に強化した制度。 積立債務、受託者責任義務、開示義務がある。 制度の実施・掛金の負担割合や制度終了等の決定時には労使合意が必要。 給付を決定し、保険料を算出するタイプの年金。	事業主	①役員等も加入可能 ②従業員確保・定着につながる ③運用環境が良ければ掛金軽減可 ④上場株式による掛金納付が可能 ⑤従来からの従業員については給付要件を適年と同一とすることができる ⑥原則300人以下の企業は将来債務予測時簡易基準による計算ができる	B．基金型に同じ
		従業員	B．基金型に同じ	B．基金型に同じ

第3章　退職金制度

手　段	概　要		メリット	デメリット
D．確定拠出年金 （401K） （DC） （資産移管可）	掛金を決定し、運用実績に応じて年金の受取額が変わるタイプの年金。 （日本版401K）	事業主	①毎月の拠出のみで退職給付債務は負わない ②拠出額は全額損金となる	①投資教育や運用管理の手間・コスト ②他制度からの移管には積立不足の解消が必要（移管コスト） ③懲戒規定は適用されない（加入3年以上で退職理由にかかわらず年金資産は事業主に返還されない）
		従業員	①従業員自ら運用の指図ができる ②年金資産は従業員に帰属するので企業が倒産しても保全される ③ポータビリティがあるので中途退職者でも不利にならない	①運用リスクは自分が負い、将来の給付額が保障されない ②原則60歳まで一時金の払出しができない ③企業拠出限度額が設定されており、比較的低い額となっている
E．中小企業退職金共済制度 （資産移管可）	事業主が中退共本部と退職金共済契約を結び毎月の掛金を金融機関に納付する、中小企業対策の一環として制定された制度。 加入対象企業（ex.一般業種）常用従業員300人以下または資本金、出資金3億円以下。	事業主	①掛金の追加拠出の必要なし ②一定限度で国からの助成金が受けられる ③導入・管理が容易である ④積立金に特別法人税がかからない ⑤退職金との関連度が高い	①毎年一定のキャッシュフローが必要 ②加入できるのは一定の規模以下の中小企業のみ ③適年からの資産移管は新規加入が条件となる
		従業員	一定のポータビリティあり	受取額は不確定になる可能性あり
F．特定退職金共済制度	商工会議所、商工会、商工連合会と退職金共済契約を締結する。地域の商工会議所、商工会等が国の承認のもとに特定退職金共済団体を設立して実施。	事業主	①掛金の追加拠出の必要なし ②導入・管理が容易である ③業種・規模に関係なく加入できる ④補助金制度がある場合あり	①毎年一定のキャッシュフローが必要 ②他の特定退職金共済制度との重複加入ができない
		従業員	中退共との重複加入ができる	受取額は不確定になる可能性あり

第2部　Q＆A

手段	概要		メリット	デメリット
G. 民間の保険（養老保険等）	各種民間保険を活用して自由に設計する方法。	事業主	①自由に設計できる ②積立金は企業の含み資産とすることができる ③退職金以外のリスクもカバーできる ④保険料が2分の1損金になるプランあり	①運用利回り低下時は積立不足が生じる可能性あり、不足分は補填が必要 ②退職給与引当金の廃止により無税の積立ができなくなった
		従業員	運用リスクを負わない	①ポータビリティはない ②年金資産は企業に帰属する
H. 内部留保	自己資金で賄う制度。	事業主	払戻率の高い商品で運用環境がよければ、企業の含み資産とすることができる	①退職者がでたときに一度に費用拠出が必要となり、費用の平準化・計画的な資産運用ができない ②退職給与引当金の廃止により無税の積立てができなくなった
		従業員	運用リスクを負わない	①ポータビリティはない ②年金資産は企業に帰属する
I. 退職金前払い制度	退職金制度の一方的な廃止は労働者への不利益変更となるため、採りうる代替方法としてのひとつとして考えられているもの。 積み立てた退職金原資（適年なら解約時の精算金）を、毎月の賃金や賞与等に退職金の前払い分として上乗せして支給する。	事業主	退職給付会計の問題がなくなる （将来に向かっての積立義務がなくなる）	①前払い給与として支払うことによる社会保険料の増加 ②一時的にキャッシュフローが必要 ③積立不足があればその穴埋めが必要
		従業員	①在職中に上乗せ分として支給を受けられることで、個人のライフスタイルや価値観に対応できる ②前払いとして受取った分は自己裁量で自由な運用ができる	①給与所得・一時所得としての課税となる ②前払い給与として受け取ることによる社会保険料の増加 ③将来の退職金がなくなってしまうことへの不安感

第4章 実務

● 合併による退職金規程の統一

Q71
当社(A社)は設立6年の会社で、社員数は約300名です。退職金規程は退職時の基本給に勤続年数に応じた掛率を掛けて算出するシンプルな制度です。

社員は20代が大半で定年退職者は出ておりません。モデルとしては40年勤務して定年退職した場合でも500万円程度の退職金となります。

今回、当社が同業のB社(社員30名)を吸収合併することになったのですが、B社の退職金規程はポイント制の退職金制度となっており、モデル退職金(40年勤続)で定年時2,000万円となっております。

当社としては、B社の社員については従来の退職金規程の水準を維持した形として、当社の退職金規程を部分的に改定することで対応したいと考えていますが、このようなことは可能でしょうか。ただ、他方では、B社の退職金水準は高すぎるという思いもありますし、当社の従業員が不公平感を持つことも考えられますので、可能であればB社の社員にも当社の退職金規程を適用することにしたいとも考えています。その場合の問題点や手法についても教えて下さい。

A71
吸収合併されるB社の社員の労働条件は基本的にA社においても引き継がれることになりますが、同じ会社の中で異なる退職金制度が存在するというのは、人事労務管理上、不都合が生じてくる可能性が高いと思われます。

したがって、合併前後において、退職金制度の統一をするために退職金規程の改定が必要になりますが、不利益変更による有効性の問題をクリアする必要があることに加え、社員のモチベーションの低下を招かないよう配慮した手法が望まれます。

143

第2部　Q&A

1　同一会社内における二つの退職金制度の問題点

（1）二つの退職金制度が存在してしまう理由

　B社の社員の雇用契約上の権利義務関係は、合併により当然に、A社に承継されることになります。したがって、B社の退職金規程の適用を受けていた社員については、A社にその身分が承継された後においても、旧B社の退職金規程に基づく権利義務関係が引き継がれるということになりますので、A社には従来のA社の退職金規程と旧B社の退職金規程の二つの退職金制度が存在することになります。

（2）退職金制度が併存することによる弊害

　通常、合併する各当事会社において退職金制度を含む人事処遇制度が全く同じであることは考えられず、本件においても、A社とB社では、給与体系はもちろんですが、人事評価制度など人事処遇制度全般において、異なっていると思われます。

　同一会社内において異なる退職金規程が存在し続けることは、人事管理上、多大な支障が生じかねないことになります。

　具体的には、吸収されるB社の退職金制度はポイント制となっていますので、A社の職位や役職に合わせてこれを再設計し、給与制度との整合性も考慮してポイントを見直す必要があります。

2　退職金規程の統一をする上での問題

（1）統一する上でクリアすべきこと

　A社の退職金規程をB社の社員にも適用させる場合には、合併時にB社の退職金規程を改定する必要があります。

　退職金規程の改定に際しては、他の給与規程や就業規則など諸規程との整合性に留意した上で改定作業を行う必要があります。

（2）退職金制度統一の手法

　まず、合併前に合併後の人事処遇制度全般についてB社の社員に十分な説明をする必要があります。社員数も30名なので、内容を十分理解してもらい、個別に同意をとった上で、退職金規程など諸規程の改定をすることが望ましいと考えます。

　B社の退職金制度はポイント制なので、合併時点での精算をするというのがB社の社員の理解を得やすい方法だと思います。

　B社の社員の同意を得ることができない場合には、退職金規程の不利益変更

の効力を当該社員に及ぼすことができるかどうかという問題になりますが、「労働条件を統一的・画一的に処理するため」という一般的な必要性のみでは、必ずしも不利益変更の有効性が認められるための要件である「高度の必要性」を満たすとは限らず、労働条件の統一的・画一的処理という要請に加えて、必要性を基礎づける事情(具体的に人事管理上の弊害があることなど)がほかに要求される可能性があるという点に留意することが必要です。

適格退職年金制度の廃止と確定拠出年金制度への移行

Q72 当社は、適格退職年金制度を導入しておりますが、税制適格退職年金の廃止に伴い、制度の移行および資産の移管を検討しております。確定拠出年金制度に移行した場合には、運用利率が予定利率より低下した場合でも会社が掛金を追加拠出する必要がないという話を聞きましたが、企業型確定拠出年金制度に移行し、これまで積み立ててきた金額と同じ額を掛金として支払えば、労働条件の不利益変更にはならないのでしょうか。
もし、このような方法に問題があるのであれば、退職金規程で定める支給基準(支給金額)は変えずに移行することも考えたいと思いますが、その場合には問題はないでしょうか。また、従業員との間で必要な手続はありますか。

A72 適格退職年金制度から確定拠出年金制度に移行した場合、従業員が将来実際に受給できる金額は不確定であるため、移行後の掛金額に拘らず不利益変更にあたると考えられます。したがって、移行に際しては労働条件の不利益変更の手続が必要となります。また、上記の制度移行を実施する場合には、不利益の有無にかかわらず、適格退職年金制度加入者の3分の2以上の同意が必要となります。

1 制度移行後の退職金制度内容による不利益変更

(1) 退職金規程を確定拠出型に変更する場合

上記制度移行を実施する際に、退職金規程を確定拠出型の制度に変更した場合には、掛金拠出後の運用リスクを各従業員が負うこととなるため、運用利率が予定利率を下回った場合においても、退職給付債務は生じることがなく、問

題となる退職金資産の積立不足は発生しません。従業員は、運用次第で当初想定した退職(年)金額より多い金額を受給することも可能ですが、実際の運用利率が予定利率を下回った場合には、従業員の受給金額は想定した退職(年)金額より低い金額となってしまい不利益が生じてしまいます。仮に、掛金額を従前の金額を上回る金額に設定した場合であっても、将来の運用利率は不確定であり、不利益が生じる可能性があるため、不利益変更の手続が必要であると考えます。

(2) 退職金規程を変更しない場合

　確定拠出年金制度を導入した場合であっても、退職金規程を変更せずに、確定給付型のまま制度を移行することもできます。その場合、会社はその退職金規程で規定された退職金額を支払う義務がありますので、企業型確定拠出年金制度からの実際の支給額が不足してしまった場合には、その不足分を会社が補填しなければなりません。従業員にとっては、従前どおりの退職金額を受給することができるため、不利益変更にはあたりません。

　ただし、実際には制度移行に伴い制度上余儀なくされる変更(後述)が発生してしまうため、部分的に不利益が生じてしまうことがあり、その場合には、不利益変更の手続が必要となります。

2　制度移行により余儀なくされる不利益変更

(1) 受給開始可能年齢の相違

　適格退職年金制度では、退職(年)金を退職後すぐに受給(開始)することができますが、確定拠出年金制度においては、原則として満60歳(加入年数によっては65歳までの間)にならなければ退職(年)金を受給することができないため、中途退職者に対する不利益が生じる可能性が高いものと考えられます。

(2) 掛金の上限金額の有無

　適格退職年金制度では、会社が拠出する掛金に上限金額の設定はありませんが、企業型確定拠出年金制度においては、1人あたり月額55,000円(確定給付型の企業年金を導入している会社の上限掛金額は1人あたり月額25,500円)の上限金額が設定されています(平成22年1月改正)。制度設計上の目標積立額が高い場合には、上限金額の掛金を拠出してもその水準に満たない可能性があり、その場合には、受給額の水準を引き下げ(不利益変更)もしくは他の手段を用いて積み立てるという選択を迫られることになります。

第4章 実務

（3）終身年金支給の可否

　適格退職年金制度では、退職年金を終身で受給することが可能ですが、企業型確定拠出年金制度では終身年金の受給はできず、退職年金は5～20年の範囲での受給に限定されます。そのため、制度移行前の規程において終身年金の選択が可能な場合には、別の積立手段を用意しない限り、終身年金は廃止せざるをえず、不利益変更となります。

3　労使間の手続

　適格退職年金制度を企業型確定拠出年金制度に移行する場合には、退職金規程の変更の有無にかかわらず、制度加入者の3分の2以上の同意及び加入者の3分の1以上で組織する労働組合がある場合には当該労働組合の同意（加入者の3分の2以上で組織する労働組合がある場合には、当該労働組合の同意をもって加入者の3分の2以上の同意に代替可能）が必要となります。

　また、制度移行に伴い不利益変更が生じる場合には、上記の制度加入者の3分の2以上の同意（及び加入者の3分の1以上で組織する労働組合がある場合における当該労働組合の同意）があったとしても、それによって直ちに不利益変更の有効性が認められるわけではありません。従業員、労働組合に対する説明、同意を得るための努力などの適正な手続をとるほか、その変更の不利益の程度・内容等に応じて、退職金制度の制度設計や経過措置、代替案等を検討すべきと考えられます。

◎ 退職金規程に規定のない上積み退職年金の廃止

Q73　これまで、業績が好調であったため、ここ数年来の退職者には、退職年金規程による退職金額に上乗せして退職年金を支給しておりました。しかしながら、昨年からの業績不振により、今後定年をむかえる従業員に対しては、退職年金規程による退職年金の支払いだけでも精一杯で、とても上乗せして退職年金を支給できる状況にはありません。今後、定年退職をする従業員に対して上乗せ分を支払わず、規定の退職年金のみを支払うことは不利益な取扱いとしてできないのでしょうか。また、既に退職した従業員に対しても上乗せ部分について減額したいのですが、そのようなことはできるのでしょうか。

> **A73** 減額しようとしている上乗せ退職年金が、過去一定の基準に基づき支給されているような場合には、労使慣行が成立するものと考えられます。規定を超える恩恵給付的、功労報償的性格の強いものであっても、労使慣行が成立した退職年金を減額する場合には不利益な変更となるため、その減額の程度に対する相当の必要性を有し、かつ、労使合意等の適正な手続を行うことが必要であると考えられます。また、退職者に対する上乗せ退職年金減額においては、上記に加え、より高度な必要性と受給権者に対する相当の手続が必要になると考えられます。

1 上乗せ退職年金の性格

一般に退職金は、賃金の後払的性格、功労報償的性格、恩恵給付的性格を併せもつとされています。退職金規程（就業規則）や労働協約等であらかじめ支給条件を明確にしている場合には賃金であると解されますが、本件の上乗せ退職年金においては、退職年金規程の規定を超える金額を支給しているため、賃金の後払的性格は希薄であり、その金額や支給の有無に関する裁量が会社側にある場合には、恩恵給付的、功労報償的性格の強いものであると考えられます。

2 労使慣行の成立

過去の退職者について一律に適用され、反復継続してこの上乗せ部分が支給されており、その支給金額が退職時の職位または勤続年数等一定の基準によって定まるものであった場合には、労使慣行が成立しているものと解され、一定の支払義務が発生しているものと考えられます。そのような場合には、恩恵給付的性格および功労報償的性格の強い上乗せ退職年金であったとしても、会社側の一方的な理由によって、その上乗せ退職年金を減額することは、権利の濫用として無効となる可能性が高く、減額が認められるためには、一定の合理性が必要であるものと考えられます。

3 上乗せ退職年金の減額改定

（1）減額改定の前提

本件の上乗せ退職年金の減額改定について、従業員に対して労使慣行の廃止の効力を及ぼすことができるかという問題になりますが、労使慣行の内容自体に将来の経済情勢の変動等による変更が予定されていたと判断されれば、廃止することができるものと解されます。また、退職年金規程（就業規則）、労働

協約等により当該労使慣行の廃止を明確化することによっても、一定の合理性が認められる限り減額改定の余地があると考えられます。なお、退職年金規程等に改廃(または改定)についての規定がない場合には、退職年金規程(就業規則)そのものの変更によって減額改定を行うことが考えられます。この変更が有効と認められるためには、当該条項が、そのような不利益を労働者に法的に受忍させることを許容できるだけの高度の必要性に基づいた合理的な内容のものであることが必要となります。

一方、すでに退職し退職年金の受給が開始されている受給権者に対しては、就業規則や労働協約等の労使合意の効力が及ばないと考えられています。したがって、労使慣行あるいは個別の合意において、経済情勢等の変動等により改定することがある旨の支給開始後の退職年金額改定条項があり、減額改定できることが前提となっている場合でなければ、減額改定することは困難であると考えられます。ただし、退職年金規程(就業規則)に「この規程は、経済情勢の著しい変動、社会保障制度の変更等により改廃することがある。」などの記載があり、あるいは労働協約等において、退職年金の減額改定権が留保されている場合、一定の合理性が認められる限り減額改定が認められる余地もあるものと思われます(松下電器産業(年金減額)事件・大阪高裁平成18年11月28日判決)。

(2) 減額改定の必要性および相当性

前記減額改定の前提となる改廃(または改定)条項が有効とされる場合であっても、その改廃権の行使は合理的な範囲に限定されると考えられます。この改廃権の行使が合理的な範囲か否かは、その改廃の目的、改廃の内容自体の相当性、改廃によって退職者が不利益を受ける場合にはその程度と代替措置の内容、改廃によって影響を受ける退職者の対応等によって判断することが相当であると解されます。

減額改定の内容、退職者が受ける不利益の程度に比し、代替措置の内容が適正妥当であるか否かは、その合理性の判断に大きく影響を及ぼすものと考えますので、減額改定実施の際は、代替措置について充分に検討する必要があります。

(3) 減額改定の手続

従業員に対する減額改定の手続としては、労働条件の不利益変更の手続と同様に、従業員対象の説明会の実施および労働協約等による合意、または、個別契約書の締結などが考えられます。一方、すでに退職した受給権者については、

第 2 部　Q＆A

退職金規程（就業規則）が一律適用になる退職前の従業員とは取扱いが異なり、全受給権者に対して経営状況や改定の必要性に関する説明資料を配付することや説明会を何回も実施すること、改革内容に関する意見交換や改定案を提示し、同意や不同意の撤回を求める内容の書面を発送することなど、全受給権者との同意を目指した手続をすることが必要となると考えます。

賃金規程変更に対応した退職金規程の見直し

Q74 当社は、従来、就業規則において、基本給、職務給及び諸手当の三本立ての賃金体系を採用しておりましたが、3年前から、基本給と職務給とを合わせた基本給と諸手当の二本立てとする賃金体系に改めました。他方、退職金規程では、基本給に勤続年数に応じた乗数を乗じた金額を退職金として支払う旨定めておりましたが、担当者の過誤により、上記賃金体系の変更に伴う改定をせずにいたため、職務給までが基本給の一部として退職金計算の基礎となる事態が生じました（そのため、新賃金体系下では、旧賃金体系下に比して、計算上退職金額は増加することになります。）。
賃金体系変更後、数名の退職者が出ており、当社としてはやむなく、新賃金体系下での基本給を基礎として退職金額を支給してきましたが、今後、退職者が増加することが予想されるため、この際、退職金規程を改定し賃金体系の変更に即応した新規定にしようと考えております。このような変更は可能でしょうか。

A74 本事例のような場合、そもそも、本件退職金規程の改定の目的が退職金規程を現行賃金体系に即応させることにあったのかとの点についても問題になるほか、仮にこの点がクリアになったとしても、賃金規程に即応する必要があるという理由に加え、たとえば、退職金に当てる資金が枯渇する、経常赤字を計上する等、退職金規程の変更の必要性を基礎づけるより積極的な事由がなければ、退職金規程の改定は困難と思われます。

1　不利益変更該当性

まず、賃金体系の変更に即応して退職金規程を同時に変更していたのであれ

ば、旧退職金規程下でも新退職金規程下でも支払われるべき退職金額に変わりはないことになり、そもそも「就業規則の不利益変更」に該当しないと評しえましょう。

しかしながら、この会社では、退職金規程改定を賃金体系変更後に行おうとしておりますので、原則として就業規則の不利益変更に該当し、これが有効と認められるためには、当該条項が、そのような不利益を労働者に法的に受忍させることを許容できるだけの高度の必要性に基づいた合理的な内容のものであることが必要になります。

2　退職金規程と賃金体系の調整

では、この会社が予定するような退職金規程の改定はそのような不利益を労働者に法的に受忍させることを許容できるだけの高度の必要性に基づいた合理的な内容のものと評価することができるでしょうか。

まず、本件のような事案では、そもそも真実、本件退職金規程の改定の目的が退職金規程を現行賃金体系に即応させることにあったのか、という点から争点になりえます。

例えば、ダイコー事件（東京地裁昭和50年3月11日判決）では、裁判所は、退職金規定の改定が、①賃金体系変更後の3年6か月余経過後であったこと、②この約3年6か月の間に生じた退職者に対しても必ずしも旧退職金規定所定のとおりの退職金の支払をしなかったこと、③賃金体系の変更に伴う改定というには退職金額の減額幅が大きいことなどから、本件退職金規定の改定は退職金規定を現行賃金体系に即応させることがその目的であったとする会社側の主張は到底そのまま首肯しうるものではない、と指摘し、現行賃金体系に即応させるという目的に強い疑義を示しています（その上で裁判所は「新規定がすでに旧規定のもとにおいて雇用され、その退職時には当然旧規定に従った退職金の支払が受けられるものとしてきた従業員の期待的利益を剝奪しても足るほどの合理性があるものと認めるに足る資料はない」として、退職金規程の変更を無効と判断しました。）。

この会社の場合、賃金体系変更からすでにある程度の期間が経過していること、賃金体系変更後の退職者にはすべて新賃金体系下での基本給を基礎として退職金を支給してきていることからすれば、退職金の減額幅が賃金体系の変更に即応させるという目的を超えるものであれば、上記裁判例と同様に、本件退職金規程の改定の目的が、真実、退職金規程を現行賃金体系に即応させること

にあったのかという、疑念を生じえましょう。

では、仮に、退職金の減額幅に配慮し本件退職金規程の改定の目的は退職金規程を現行賃金体系に即応させることにあったと認められたとして、このような退職金規程の変更は合理的と評価しうるでしょうか。

本件では、現に、賃金体系変更後の退職者にはすべて新賃金体系下での基本給を基礎として退職金を支給してきておりますので、(ダイコー事件における判決文の表現を借りれば)、「その退職時には当然旧規定に従った退職金の支払が受けられる」との「従業員の期待的利益」が既に発生していると考えられます。そうしますと、「退職金規程を現行賃金体系に即応させる」という目的は、退職金規程の合理性を認める方向で考慮される一つの要素とはなりましょうが、それのみで、合理性を認めることは困難ではないかと考えられます。

もっとも、会社の意図に反して退職金額が増額されてしまったということは、財務的な裏付けがないということにもつながります。そうしますと、退職金に当てる資金が枯渇する、経常赤字を計上する等、具体的な弊害が生じてくることと思います。よって、単に、「退職金規程を現行賃金体系に即応させる」だけではなく、これらの具体的な弊害を避ける必要性があるのであれば、合理性が認められる可能性もあると思います。

以上、本件の場合、たとえば、退職金に当てる資金が枯渇する、経常赤字を計上する等、退職金規程の変更の必要性を基礎づけるより積極的な事由がなければ、退職金規程の改定は困難であるといわざるを得ません。

◉ グループ会社間における退職金支給水準の調整

Q75 当社は、ある会社の発行済株式総数の過半数を取得してこれを子会社としました。この子会社は、ここ10年程、ぎりぎり黒字を確保するのがやっとという経営状態で、当社及び他の子会社の従業員と積極的な人員交流を行い、停滞した職場の雰囲気を打破する必要があると思われました。しかし、この子会社は、当社及び他の子会社と比較し、給与とくに退職金支給水準が相当に高く、これを低減して均衡を図らなければ、人事交流を推し進めることは問題がありました。

そこで、思い切って、当社及び他の子会社と同一水準まで退職金支給額を引き下げる旨の就業規則の変更をすることとし、過半数を組織する労働組合と交渉のうえ、その賛同を得ましたが、一部の従業員は就業規則の変更に反対をしております。就業規則の変更の効力は、これらの者にも及ぶでしょうか。

A75 本事例のような場合では、関係会社間で退職金水準のバランスを保ち人事交流を円滑化する必要性は認められたとしても、会社は、一応、10年間程黒字を確保していること、退職金額の減額幅が大きなものになることが予想されること等にかんがみれば、たとえ、過半数を組織する労働組合と交渉のうえその賛同を得たとしても、就業規則等の改定に同意しない従業員に対してまで、その効力を及ぼすことは、困難と思われます。

1 就業規則の不利益変更

就業規則の変更により退職金支給額を引き下げるのですから、就業規則の不利益変更に当たります。

就業規則の作成又は変更によって、労働者に不利益な労働条件を一方的に課すには、就業規則変更の必要性及び内容の両面から見て、それによって労働者が被ることになる不利益の程度を勘案しても、なお、当該労使関係における当該条項の法的規範性を是認できるだけの合理性がある場合でなければなりません。特に、賃金、退職金など労働者にとって重要な権利、労働条件に関し実質的な不利益を及ぼす就業規則の作成又は変更については、当該条項が、そのような不利益を労働者に法的に受忍させることを許容できるだけの高度の必要性に基づいた合理的な内容のものである必要があります。

では、お尋ねのような件では、「そのような不利益を労働者に法的に受忍させることを許容できるだけの高度の必要性に基づいた合理的な内容のもの」と評することができるでしょうか。

2 グループ会社における労働条件統一の必要性

この点について参考となる裁判例としては、アスカ事件（第3部判例解説⑤）があります。

この事件は、売上高の拡大が望めなくなった会社が、人件費削減のために関連会社等に従業員を出向させることにしたのですが、退職金を含む給与体系が

第2部　Q&A

それらの会社と大きく異なっていたことから、従業員の出向を円滑にすすめるために、就業規則や退職金規程等の改定を行い（これにより、退職金額は従来の3分の2ないし半額にまで減額されることとなりました）、その後退職した従業員に、改定後の就業規則及び退職金規程に基づき算出された退職金額を支払ったのに対し、当該従業員が、就業規則及び退職金規程の改定は無効だと主張し、改定前の規程に基づいた退職金額との差額の支払いを求めたという事案です。

　この事件で、裁判所は、本件改定前の退職金規程により計算した被告会社の従業員の退職金は、関連会社の約1.5倍ないし約2倍に達し、関連会社の中で突出していることから、被告会社の従業員の関連会社への出向を円滑に進めるために、出向先との労働条件のバランスをとる必要が生じたこと自体は否定しないものの、被告会社の経営環境が決して良好なものとはいえないこと（ただし、直近5年の営業損益および経常損益はいずれも黒字）、被告会社の従業員のほとんどが本件退職金規程の改定に同意していること等を考慮しても、被告会社の従業員にその退職金を従来の約3分の2ないし約2分の1に減少させることを法的に受忍させることを許容できるだけの高度の必要性に基づいた合理的な内容のものであるとは認めがたいと判断しています。

　では、当該裁判例をふまえ、本件について検討します。
　たしかに、この会社の経営環境は決して良好ではなく、関係会社間で退職金水準のバランスを保ち、人事交流を円滑化する必要性は認められましょう。
　しかし、他方、経営環境が良好ではないといっても、この会社は、一応、10年間黒字を確保し続けています。
　また、この会社では、どれほどの退職金額が減額されるのか必ずしも明らかではありませんが、人事交流の妨げになるほど、退職金額に大差があるのであるとすると、減額幅も相当大きくなることが予想され、変更後の就業規則の内容の相当性の点においても疑義があります。
　そうしますと、たとえ、過半数を組織する労働組合と交渉のうえその賛同を得たとしても、上記裁判例をふまえる限り、就業規則等の改定が有効と認められる可能性は少ないといわざるをえないでしょう。

中小企業退職金共済制度によって労働者に支払われた退職金の一部返還を求めることは可能か

Q76 当社は、中小企業退職金共済法に基づき、退職金共済契約を締結していますが、業績が悪化しており、毎月の掛金の支払負担を軽減したいと考えています。現在、就業規則には、退職金について定めた規定はありません。そこで、退職金に関する規定を就業規則に設け、自己都合退職の場合、中小企業退職金共済制度によって支払われる退職金額が、就業規則により算出した退職金の金額を上回るときは、従業員はその超過する部分を会社に返還する旨を定め、その返還金を毎月の掛金の支払いに充てたいと考えています。何か問題が生じる可能性はあるのでしょうか。

A76 中小企業退職金共済制度によって労働者に支払われる退職金額が、会社の就業規則により算出される退職金額を上回るときは、従業員はその超過する部分を会社に返還する旨を就業規則に定めても、当該規定は、中小企業退職金共済法および中小企業退職金共済制度の趣旨に反し、無効です。労働者が返還を拒否した場合は、その超過する部分の返還を強制できません。また、労働者から任意にその超過する部分の返還を受けたとしても、労働者に対し、その返還を受けた金額を支払わなければならないことになります。

1 問題点

①中小企業退職金共済制度による退職共済金に関する規定が就業規則にないことは許されるか、②中小企業退職金共済制度による退職金の支給は、使用者の退職金支給義務とどのような関係にあるのか、③中小企業退職金共済制度によって労働者に支払われた退職金額の一部返還を求める就業規則の規定は有効かという点が問題になります。

2 問題点の検討

（1）中小企業退職金共済制度による退職共済金に関する規定が就業規則にないことは許されるか。

　労働基準法は、労使の当事者間で支払われる報酬を適用対象とするのに対し、中小企業退職金共済制度では、独立行政法人勤労者退職金共済機構を介して退

第2部　Q&A

職金が支払われます。
　しかし、退職金制度を設ける場合は、就業規則に「適用される労働者の範囲、退職手当の決定、計算及び支払の方法並びに退職手当の支払の時期に関する事項」を記載しなければなりません（労基法89条3号の2）。
　したがって、中小企業退職金共済制度による退職金の支給についても、本来就業規則で記載すべき事項を記載しなければなりません。なお、社外積立退職金制度の規定を就業規則と一体のものとして取り扱う方法もありえます。

（2）中小企業退職金共済制度による退職金支給は、使用者の退職金支給義務とどのような関係にあるのか。

　中小企業退職金共済制度による退職金支給と使用者の退職金支給義務との関係は、就業規則に基づき、どのような退職金制度をとっているかによることになります。就業規則において、「退職金は、中小企業退職金共済制度により支払う。」等の規定があれば、使用者は退職金の支払義務を免れます。
　この会社では、退職金に関する規定は就業規則にありませんが、中小企業退職金共済制度のみを利用する形で退職金制度が設計されているものと解されます。

（3）中小企業退職金共済制度によって労働者に支払われた退職金額の一部返還を求める就業規則の規定は有効か。

　中小企業退職金共済制度による退職金の支給については、労働基準法または労働契約法上の問題ではなく、中小企業退職金共済法上の問題となります。中小企業退職金共済法は、事業主と機構との間で退職金共済契約が締結されると、従業員およびその遺族は、当然に共済契約の利益を受け、改めて受益の意思表示をすることなく、共済契約の効果として、直接、機構に対して退職金受益権を取得することを規定しています。また、支払確保のため、機構は直接従業員またはその遺族に退職金や解約手当金を支給するものとするほか、退職金等の支給を受ける権利も原則として譲渡が禁止されることを規定しています。そして、国は、制度の運営について、掛金の減額分の国庫補助や法人税における掛金の損金算入を認める形で財政援助をしています。以上に照らすと、従業員の利益を保護しようとする中小企業退職金共済法の各規定は、それに反する内容の就業規則についてはその効力を認めない強行法規といえます。
　したがって、中小企業退職金共済制度によって労働者に支払われた退職金額の一部返還を求める就業規則の規定は、返還対象となる超過部分について、会

社が、従業員に対し、従業員を介して中小企業退職金共済制度からその支給を受け、または会社が従業員からその受給権の譲渡を受ける約束をさせたに等しく、法の規定のみならず、法に基づく制度趣旨そのものを潜脱するものといえ、強行法規に反し、無効となります。

3 実務上の対応

以上のとおり、中小企業退職金共済制度のみの導入では、自己都合退職と会社都合退職の両者の間に退職金額に差異を設けることはできませんので、そのような制度設計をする場合には、就業規則として退職金規程を設け、中小企業退職金共済制度と会社独自の退職一時金制度とを併用して対応することが考えられます。ただし、その場合には、事実上退職金制度を不利益に変更することになりますので、その必要性、相当性、手続の適正性について留意することが必要になります。

4 参考判例

湘南精機超過差額金返還請求事件・東京高裁平成17年5月26日判決

◉ 厚生年金基金の年金給付の減額に受給者が同意しない場合、受給者の年金減額は可能か

Q77 当社厚生年金基金は、厚生年金保険法上の厚生年金ですが、当社の業績悪化を契機として財政状況が悪化しています。そこで、同基金から年金給付を受給している者の給付額を減額する措置を講じたいと考えています。年金給付の受給者の中には、給付額の減額に反対する者も多数いるのではないかと予想されますが、問題は生じないでしょうか。また、減額に反対する者に対し、どのように対処すべきでしょうか。

A77 厚生年金基金は、厚生年金保険法所定の手続にしたがって規約を変更することにより、受給者の年金給付支給額を変更することができます。この会社は、厚生労働大臣に対し、厚生年金保険法115条1項8号、2項に基づき、給付に関する事項についての規約の変更の認可手続をとることになります。そして、認可され、その認可が無効とはいえないのであれば、規約変更およびこれに基づく通知によ

第2部　Q＆A

> り裁定で決定された受給者の年金給付の額は減額されたことになります。したがって、減額に反対する個々の受給者に対し、原則として対処する必要はありません。

1　問題点

①厚生年金保険法上、厚生年金基金の受給者の年金給付支給額を減額することは可能か、②厚生年金保険法上は可能であるとしても、厚生年金基金の受給者の年金給付支給額を減額する規約の変更は、就業規則の不利益変更に該当しないか、③厚生労働大臣の認可があっても、厚生年金基金の受給者の年金給付額を減額する規約の変更が認められない場合はあるかという点が問題になります。

2　問題点の検討

（1）厚生年金保険法上、厚生年金基金の受給者の年金給付支給額を減額することは可能か。

厚生年金保険法は、保険給付の支給額が事後の社会・経済的な情勢に応じて変動（増・減額）することを想定しているといえます。また、厚生年金基金が行う年金給付も、政府が管掌する厚生年金保険と同様の構造・性質を有すると評するのが相当といえます。

したがって、厚生年金基金は、厚生年金保険法所定の手続に従って規約を変更することにより、受給者の年金給付支給額を変更することができると考えられます。

（2）厚生年金基金の受給者の年金給付支給額を減額する規約の変更は、就業規則の不利益変更に該当するか。

厚生年金保険法134条は、厚生年金基金が支給する年金たる給付は、権利を有する者からの請求に基づき厚生年金基金が裁定するものとし、厚生年金基金が行う裁定についても、権利の発生要件の存否や金額等を公権的に確認するという効力を付与したものと解されます。そして、厚生年金基金がする上記裁定は、行政庁の処分たる性格を有するといえ、契約の申込、承諾を観念する余地はありません。

したがって、年金給付は、労働契約に基づく退職金としての性格を有さず、厚生年金基金の受給者の年金給付支給額を減額する規約の変更は、厚生年金保険法上の問題であって、たとえ就業規則に厚生年金基金に関する定めがあったとしても、就業規則の不利益変更には該当しないものと解されます。

（3）厚生労働大臣の認可があっても、厚生年金基金の受給者の年金給付額を減額する規約の変更が認められない場合はあるか。

　厚生年金保険法115条2項は、保険給付の事項を含めた規約の変更につき、厚生労働大臣の認可がなければ効力が生じないと定め、公法人たる厚生年金基金がする規約の制定・変更の当否の審査・判断を通じて、その監督機関である厚生労働大臣による監督を広く及ぼす趣旨のものと解されます。なかでも、老後の生活のための重要な資金となるべき年金給付の支給額を減額する内容のもの、特に、現実にこれを受給している者への支給額を減額する旨の規約変更については、厚生労働大臣が、かかる規約変更の相当性・合理性の有無を審査・判断することを想定しているとみるのが相当です。

　したがって、受給者の年金給付額を減額する規約の変更の相当性・合理性の有無の判断も、当該認可の瑕疵の有無に収斂することになります。そして、受給者の支給額を減額する規約の変更は、受給者の生活に与える影響が大きいこと等からすると、厚生労働大臣がする認可がその広範な裁量に委ねられているとしても、支給額を減額する規約の変更については、これが社会通念に照らして是認するに足りる程度の合理性を有することが確認されるべきです。

　厚生労働大臣の認可の判断に、重要な事実・事情についての判断が欠け、また、その評価が著しく不相当であるといった事情が認められる場合には、その認可は厚生労働大臣に委ねられた裁量を逸脱・濫用する重大な瑕疵があるものとして無効になると解されます。

3　参考判例

りそな銀行ほか事件・東京地裁平成20年3月26日判決

労使慣行の成立及び成果主義的退職金制度の導入

Q78 当社には、退職時の基本給に勤続年数に応じた掛率を乗じた退職金が支給されるという退職金規程がありますが、実際には今までそれにしたがって退職金を支給したことはなく、各従業員に会社が掛けている生命保険の解約返戻金をそのまま退職金として支払っていました。それでも退職金規程に定める額とあまり変わらなかったので文句は出ませんでしたが、近年、解約返戻金の額が少なくなり退職

金規程の額と乖離するようになってきてしまいました。しかし、これまで従業員からのクレームはありませんでしたので、今後も、解約返戻金の額が退職金であると主張することができないでしょうか。もし、それができないのであれば、退職金規程に定める額を平均30％程度減額すれば今後も何とか全員に支払えるという状況ですので、退職金規程を変更し、退職金規程の支給率を切り下げたいと思っています。ただ、従業員の能力にも差がありますし、全員に対して一律に30％減額するのもどうかと思っているところがありますので、退職金規程を変更するのであれば、営業成績や管理職としての在籍年数に応じて退職金支給率の切り下げ率を変えたいと思いますが、このようなことは可能でしょうか。

A78 これまで退職金規程どおりの支払いをしていなかったことをもって、退職金規程が変更されたと解される可能性は低いものといわざるをえません。

したがって、退職金規程の不利益変更の問題となり、当該変更が合理性を有するものかどうかという観点から新しい制度について検討する必要があります。また、変更にあたり、成果主義的な制度を導入することも可能ですが、その変更についても合理性を有することが必要になります。

1 退職金規程と異なる慣行の効力

（1）労使慣行の成立

まず、生命保険の解約返戻金をそのまま退職金として支払ってきた事実により、退職金規程に定める額ではなく、解約返戻金相当額を退職金とするという慣行が成立し、労働契約の内容となったといえないかが問題となります。

一定の事実行為が継続する場合には、それが労使慣行として労働契約の内容となったといえる余地があります。

労使慣行として労働契約の内容となったといえるためには、「同種の行為または事実が一定の範囲において長期間反復継続して行われていたこと、労使双方が明示的にこれによることを排除・排斥していないことのほか、当該慣行が労使双方の規範意識によって支えられていることを要し、使用者側においては、当該労働条件についてその内容を決定しうる権限を有している者か、又はその

取扱について一定の裁量権を有する者が規範意識を有していたことを要」し、そして、その法的効力が認められるか否かは、「その慣行が形成されてきた経緯と見直しの経緯を含め、当該労使慣行の性質・内容、合理性、労働協約や就業規則等との関係（当該慣行がこれらの規定に反するものか、それらを補充するものか）、当該慣行の反復継続性の程度（継続期間、時間的間隔、範囲、人数、回数・頻度）、定着の度合い、労使双方の労働協約や就業規則との関係についての意識、その間の対応等諸般の事情を総合的に考慮して」決定されるものであると解されています（商大八戸ノ里ドライビングスクール事件・大阪高裁平成5年6月25日判決）。

上記の考え方は、そもそも適用される就業規則が存在しない場合だけでなく、適用される就業規則がある場合についても妥当しますが、就業規則がある場合については「労働協約・就業規則等に矛盾抵触し、これによって定められた事項を改廃するのと同じ結果をもたらす労使慣行が事実たる慣習として成立するためには、その慣行が相当長期間、相当多数回にわたり広く反復継続し、かつ、右慣行についての使用者の規範意識が明確であることが要求される」と解されます（前掲裁判例）。

（2）退職金規程の改廃がなされたといえるか

それでは、本件においては、当該事実行為の反覆（以下「当該慣行」といいます。）により、退職金規程の改廃がなされたといえるでしょうか。

まず、退職金の支払いがなされるのは退職時のみですので、当該慣行が公表されておらず、他の従業員が知りえないような場合には、「当該慣行が労使双方の規範意識によって支えられている」ということは困難であると思われます。また、本件では、就業規則としての退職金規程があるところ、当該慣行は、就業規則の内容と矛盾するものですので、就業規則がない場合と比較してより一層反復継続性の程度、定着の度合いが強度であることが求められるものと解されます。

以上のような状況に鑑みれば、当該慣行が公になっていてそれが相当長期間継続し、従業員としてもかかる取扱いによることが当然であるとの認識を有していたというような特別の事情がない限り、当該慣行により、会社が定める退職金規程が変更され、労働契約の内容になったと解することは困難であるものと解されます。

したがって、特段の事情がない限り、解約返戻金相当額を退職金として支払

う旨の労使慣行が認められる可能性は低いものと思われます。

2　退職金規程の不利益変更

（1）就業規則の不利益変更法理

　上記1の労使慣行が認められない場合、就業規則である退職金規程を変更することになりますが、労働者に不利益に変更することが許されるかどうかについては、いわゆる就業規則の不利益変更法理（労契法第10条）が適用され、就業規則の変更が合理的なものであることが必要になります。すなわち、就業規則の不利益変更が従業員に対して効力を有するためには、その必要性及び内容の両面から見て、それによって労働者が蒙ることになる不利益の程度を勘案しても、なお当該労使関係における当該条項の法的規範性を是認できるだけの合理性を有することを要し、特に、賃金、退職金など労働者にとって重要な権利、労働条件に関し実質的な不利益を及ぼす就業規則の作成又は変更については、当該条項がそのような不利益を労働者に法的に受忍させることを許容できるだけの高度の必要性に基づいた合理的な内容のものである場合において、その効力を生ずるものと解されています。

（2）本件における合理性

　本件において退職金規程を変更するだけの高度の合理性が認められるためには、減額率が30％と相当高い水準であることにかんがみても、労働条件の変更による人件費抑制の必要性が相当に高いことが求められるものと解されます。

　本件では、いかなる状況において支払原資が不足するのかは明らかではありませんが、退職金減額の必要性があるといえるためには、抽象的に支払原資が不足するというのみでは足りず、その前提としての経営状況、その他の経費削減の努力等が必要とされ、企業の存続自体が危ぶまれたり、経営危機による雇用調整が予定されるなどの必要性が必要であるものと解されます（もっとも、合理性の判断は、労働者の受ける不利益の程度、労働条件の変更の必要性、変更後の就業規則の内容の相当性、労働組合等との交渉の状況等が総合的に勘案されるものですので、他の要素によっては必要性の程度がそれほど高くなくても足りる場合はありえます。）。

3　退職金制度の見直し

（1）退職金制度の目的の再検討

　退職金制度を変更するにあたっては、当該会社における退職金制度の目的に照らして、全体の制度設計を見直すことが必要になります。その中で、成果主

義を重視し、年功型の退職金の体系から退職金制度の変更に合わせて退職金の設計自体を見直すということは十分考えられるところです。実際、賃金後払いの要素が大きかった退職金の位置づけは変化しており、貢献度を反映し、最終的な月額賃金とは離れた算定方式とするような改定が進められる傾向にあるといえます。

(2) 制度の設計

　具体的にどのような制度にするのかについては、退職金の積立方法、選択する年金制度等によって異なります。

　たとえば、中退共または確定拠出年金を利用するのであれば、社内資格制度における資格等級と勤続年数の組合せ（あるいは資格等級のみ）によって掛金額を決定することにすれば、能力主義的な退職金制度を実現することができます。

(3) 制度設計による不利益性

　本件において退職金制度を成果主義的に見直すとすれば、総原資が減少することのみならず、低評価となる従業員についてはより一層不利益の程度は大きくなるため、このような不利益変更の合理性についても十分な説明ができることが必要になります。具体的には、年功をベースとした制度により公平を欠いた賃金の分配となっていたこと、従業員の定着を図ることその他当該会社において年功性を改め、能力主義、成果主義を導入する合理的な理由が当該会社の実態に即して存在することが必要になります。

　もっとも、このような成果主義的退職金制度を導入した結果、一部の従業員に極めて不利な制度になる可能性があり、その場合には不利益の程度が大きすぎるとして当該退職金の変更に有効性がないと判断される可能性があります。従業員ごとのシミュレーションを行うとともに、経過措置として少なくとも制度変更時における退職金相当額は保証されることを前提とした設計をすべきものと考えられます。

退職金制度の廃止と労働組合との交渉

Q79 当社は3期連続赤字の状況にありますが、徹底したコスト削減等の企業努力により赤字幅はようやく減少してきており、来期は若干の

第2部　Q&A

黒字を達成できそうな見込みです。しかし、その翌年以降にも毎年退職者が継続して出てくることが予定されており、退職金支給額の20％程度をカットしない限り、また毎年赤字決算に転落してしまいます。これ以上の企業努力によりコストを削減することは非常に困難ですし、今後当社が若干でも利益を出しつつ存続していくために、この際、退職金規程を廃止してしまいたいと考えています。もちろん、在籍中の従業員には何らかの手当が必要とは思いますが、どのような手当をすれば退職金規程を廃止できますか。ところで、当社には労働組合が2つ存在し、多数組合は、真摯に説明すれば制度の変更に合意してくれると思いますが、少数組合については合意してくれるかわからない状況です。

A79　代償措置を講ずることなく退職金制度を廃止することは従業員にとっての不利益の程度が極めて大きく、一方的に退職金制度を廃止することは困難です。この場合には、少なくとも何らかの代償措置を設けることが必要となるものと考えられます。代償措置としては、たとえば退職金の前払いが考えられますが、会社及び従業員にとって不利な面もあることに留意する必要があります。また、退職金制度の廃止の効力については、多数組合員、少数組合員、組合員以外の従業員それぞれにつき、手続・要件が異なることに留意する必要があります。

1　退職金の廃止の可否

　就業規則たる退職金規程の廃止は、就業規則の不利益変更にあたります。退職金など労働者にとって重要な権利、労働条件に関し実質的な不利益を及ぼす就業規則の変更については、当該条項がそのような不利益を労働者に法的に受忍させることを許容できるだけの高度の必要性に基づいた合理的な内容のものである必要があります。

　退職金の廃止に関連して、経営危機に対して労働組合も再建に協力することになり、歩合制の導入なども図られたものの、結局会社側が将来にわたる勤続年数を退職金の計算に際して考慮しないという不利益変更（退職金の廃止）を実施するに至った事案において、最高裁判所は、「以降の就労期間が退職金算定の基礎となる勤続年数に算入されなくなるという不利益を一方的に課するも

のであるにもかかわらず、上告人はその代償となる労働条件を何ら提供しておらず、また、右不利益を是認させるような特別の事情も認められないので、右の変更は合理的なものということができないから、被上告人に対して効力を生じない、と判断した原審の判断は正当として是認することができる」と判示し、退職金の廃止の効力は認められないとした例があります（御国ハイヤー事件・最高裁昭和58年7月15日判決）。

　この判例によれば、経営が極めて危機的な状況にあるか、代償的な労働条件を提供しない限り、退職金の廃止は困難であると解されます。実際に、退職金制度（退職年金制度）の廃止を認めた事例もあるものの、極めて特殊な事情の下で認められたものであり、退職金制度の廃止はよほど特殊な事情がない限り、代償的な労働条件を提供することが必要であると考えられます。

2　退職金の前払い等の代償措置

（1）代償措置

　代償措置としては、当該時点における退職金相当額を一時精算金として支払った上、今後発生する退職金を給与に上乗せする方法（いわゆる退職金の前払い）が考えられます。

（2）退職金前払いのメリットと問題点

　退職金を減額する内容で退職金規程を変更するのではなく、退職金制度を廃止し、退職金の前払いを行うことについては、積立不足の懸念がなくなること、その時点における従業員に対する能力主義・成果主義による報奨を行うことができること、中途での人材採用の面において競争力が増すこと、といったメリットがあります。

　しかし、会社側には、一定のコスト負担が生ずるというデメリットがあり、従業員側にも税務の面で不利な面があることに留意する必要があります。

　退職金制度廃止時に支払う一時精算金については、これが新たな退職給与規程の制定等の「相当の理由により従来の退職給与規程を改正した場合」に支払う退職金（所得税基本通達30－2）に当たる場合は、課税上退職所得として取り扱われますが、その後の在職中に退職金の前払いとして定期に支払われる前払い分は、課税上、退職所得とならず、給与所得として課税されますので、税制において優遇される退職金との比較において従業員に不利になります。

　また、社会保険料の計算にあたっても、当該前払い部分は給与として扱われることになりますので、社会保険料の負担が増えます。

賃金の面においては、当該従業員が時間外・休日・深夜労働をした場合、その割増賃金を計算する際の基礎額にも当該上乗せ分を含むことになりますので、その点においてコスト増になることが見込まれます。

（3）不利益の程度

本件では、単に退職金を前払いするということだけではなく、支払原資の面でも不利益変更が行われることになることに留意して制度設計をする必要があります。

3　労働組合等との交渉

（1）労働協約の効力

本件では労働組合があるということですので、労働協約の締結により退職金制度を変更することが考えられます（退職金制度が労働協約の内容になっている場合には、労働協約の変更を求めることになります。）。

会社と労働組合との間で労働協約を締結することにより退職金の制度を不利益に変更する場合、原則として、その変更の効力の及ぶ範囲は当該労働組合の組合員に限定されます。ただし、組合員であっても特定または一部の組合員をことさらに不利益に取扱うことなどを目的とするなど、労働組合の目的を逸脱していれば、労働協約を締結した場合であっても、労働協約の効力が及ばないと判断されることがあります（朝日火災海上保険事件・最高裁平成9年3月27日判決）。したがって、特定または一部の組合員にとってことさらに不利益が生じないよう留意する必要があります。

なお、退職金制度の変更は個々の従業員の権利に極めて重要な変更を生じさせるものですので、労働協約の締結にあたっては、組合規約に定められている手続を履践しているかどうかを確認すべきです。

（2）少数組合への労働協約の効力の拡張の有無

上記のとおり、労働組合との間で労働協約を締結した場合、原則としてその効力は当該組合の組合員にのみ及びますが、当該事業場の同種の労働者の4分の3以上の従業員が加入している労働組合との間で労働協約を締結した場合には、その労働協約は組合員以外の従業員にも及ぶこととされています（この効力を「一般的拘束力」といいます。労組法第17条）。しかし、本件のように少数組合がある場合、この一般的拘束力はなく、多数組合との間で労働協約を締結しても、少数組合の組合員には拡張適用されないと考えられています。

したがって、多数組合と労働協約を締結したとしても、少数組合の組合員に

は適用されないことに留意する必要があります。
(3) 少数組合との交渉の必要性
　本件のように複数の組合がある場合、使用者には、中立的態度を保ち、各組合をその性格や運動方針の違いにより合理的な理由なく差別してはならない義務（中立保持義務・平等取扱義務）があるとされています。しかし、一方では、組合間の組織人員に大きな開きがある場合に、使用者が各組合の組織力・交渉力に応じた合理的・合目的的な対応をすることはこれらの義務に違反するものではなく、多数組合との交渉及びその結果に重点を置くことは自然のことであって、多数組合との間で合意に達した労働条件で少数組合とも妥結しようとすること、当該条件を譲歩の限度とすることは、直ちに非難されるべきではないと解されています。
　したがって、実務的には、多数組合と合意している条件がある場合には、かかる条件での合意に向けて、少数組合と交渉を行っていくことになるものと考えられます。
　会社が交渉を尽くした上で少数組合との間で合意できなかった場合には、就業規則である退職金規程を変更し（ただし、退職金に関する労働協約がある場合にはこれを解約する必要があります。）、就業規則の不利益変更法理により、少数組合員に対して退職金規程の不利益変更の効力を及ぼすことになります。
(4) 組合員以外の従業員に対する効力
　上記のとおり、当該事業場の同種の労働者の4分の3以上の従業員が多数組合に加入している場合には、当該労働組合との間で労働協約を締結することにより、組合員以外の従業員に対しても効力を及ぼすことができます。他方で、4分の3未満である場合には、就業規則の不利益変更法理によることになります。もちろん、組合員以外の従業員に対しても十分な説明をすることは必要であり、可能な限り、個別の同意を取得すべきです。

◉ 適格退職年金制度の廃止と確定拠出年金への移行

Q80 当社では、適格退職年金制度による退職年金規程を設けて、退職者に対して当該規程にしたがって毎月年金を支払っていますが、適格退職年金を廃止して確定拠出年金に移行することを検討しておりま

第2部　Q＆A

　す。退職年金規程には、経済情勢の変動等により当該規程を改廃することがある旨規定されていますが、この規定に従い、退職年金規程を変更して、すでに退職した社員に対して退職年金の一括支給をすることは可能でしょうか。

A80　退職年金規程を変更し、退職年金の一括支給をすることも可能となる場合があります。
　しかし、適格退職年金制度では、当該年金制度の仕組みとして外部の金融機関と保険契約や信託契約を締結し事業主が制度運営を行うため、事業主が実施主体とみなされてしまう点や、年金規程も就業規則の一部を構成し、労働契約の内容となっていると解されてしまう点で、当該年金制度の変更が不利益変更の問題として判断されることになってしまいます。
　そのため、適格退職年金制度を変更する際には、当該年金制度が企業内でどのように位置付けられ、変更についての規約上の根拠があるかどうか、労働条件の不利益変更に関する必要性・合理性をクリアしているかどうかなどが重要になってきます。

1　適格退職年金制度の廃止・変更

　適格退職年金制度の廃止については、一定割合の従業員の同意や行政庁の認定等の法令上の要件は定められておらず、労働条件の不利益変更の問題は別として、企業側はその判断により、これを廃止することができます。すなわち適格退職年金契約の解除とこれに基づく退職年金規程の廃止を行うこととなります（廃止した場合の取扱いはQ61を参照。）。
　さらに、他の制度へ移行する際には、当該年金契約の内容の変更とともに、就業規則（退職年金規程）の変更を行います。

2　確定拠出年金制度への移行

　適格退職年金（法税令附則16条1項9号へ10号ニ）に関する資産の一部または全部は、企業型確定拠出年金の個人別管理資産として資産管理機関に移換することができることとされています（確定拠出年金法54条1項、確定拠出年金令22条、同附則2条3項）。
　しかし、移換できる資産の額につき上限が定められていること、及び移換にあたっては移換の対象となる制度において積立不足の解消が必要であることが、

当該移換の弊害となっています。

　移換の対象となる資産については、確定拠出年金法施行令附則2条3項によれば、「当該実施事務所の事業主が締結している適格退職年金契約の全部または一部を解除することにより事業主に返還される資産であって、これが資産管理機関に移換されるもの」とされています。ただし、かかる資産については、法人税法施行令附則16条1項7号ハに規定する過去勤務債務等の現在額がない場合において返還されたものに限るものとされており、同項2号に規定する当該適格退職年金契約に係る受益者等が負担した掛金等を原資とする部分（以下「本人負担分」という。）の移換については、当該受益者等が同意しない場合、当該本人負担分を除くものとされています。

　また、確定拠出年金加入者に係る通算加入者期間（確定拠出年金法33条1項）については、適格年金制度の加入者が当該実施事務所の事業主に使用された期間その他これに準ずる期間が算入されます（確定拠出年金法54条2項）。

3　年金制度の変更と不利益変更法理

　年金制度を不利益に変更し、その効力を退職者に対して及ぼすことが認められた裁判例として、名古屋学院事件（第3部判例解説④）があります。この事案は、私立学校教職員共済組合規約による年金制度のほか、学院独自の年金制度を維持してきた学院が、年金基金の赤字の増大、学院の財政的逼迫からこれを廃止したことにつき、学院に勤務していた従業員らが改廃される以前の年金規程が効力を有し、年金を受給できる地位にあることの確認を求めた事例で、この退職年金制度を放置すれば、学院が毎年年金基金に補填をしなければならなくなることが明白だったこと、学院の経営が極度に悪化していた時期で、校地の一部を売却してもなお多額の負債を抱えていたこと、及び学院が従業員との話し合いに3年間の歳月をかけたことなどを勘案して、独自の年金制度廃止による年金給付の打切りが有効と認められた例です。

　他方、幸福銀行事件（大阪地裁平成12年12月20日判決・労判801号21頁）では、経営が破綻した銀行が退職年金受給者に対して3か月相当の金員を支払って退職年金の支給を打ち切ったという事案において、退職金規程に規定されている改定権は、あくまで退職金規程の改定権であり、その適用を受ける在職者に対する関係で対象年金制度を改定する権限であって退職年金受給権を個別に解約する権利を留保したものではないことは明らかであるとした上、銀行側が予備的に主張した事情変更の原則の適用について、バブル経済崩壊のような経済情

勢の変動などは事情変更に該当せず、また、退職年金月額の3か月分相当の支払いは適正妥当な代償措置とは認められないなどとして、支給打切りは違法、無効であると判断されました。

　以上の各裁判例においては、退職年金制度の変更と支給打切りの適法性については、その法的構成にかかわらず就業規則の不利益変更における必要性と相当性の判断要素と重なる要素により判断しているものと解されますが、実際の判断にあたっては、支給打切りを行うための高度の必要性と打切り支給額についての相当性が認められない限り、このような変更を行うことは困難であるものと考えられます。

第3部 判例解説

各事例の流れ
1 事案の概要
2 争　点
3 判　旨
4 考慮された事実
5 分　析

第3部　判例解説

◆　裁判例の解説について　◆

　退職金規程の不利益変更の有効性が争点になった裁判例は多数ありますが、本書では、実務上参考になると思われる下記10件について、簡潔な解説を付しながらご紹介することとします。

①大曲農協事件：最高裁判所昭和63年2月16日判決（判例タイムズ668号74頁・労働判例512号7頁）
②日魯造船事件：仙台地裁平成2年10月15日判決（労働関係民事裁判例集41巻5号846頁）
③空港環境整備協会事件：東京地裁平成6年3月31日判決（労働判例656号44頁・判例タイムズ853号184頁）
④名古屋学院事件：名古屋高裁平成7年7月19日判決（労働判例700号95頁）
⑤アスカ事件：東京地裁平成12年12月18日判決（労働判例807号52号）
⑥月島サマリア病院事件：東京地裁平成13年7月17日判決（労働判例816号63頁）
⑦ドラール事件：札幌地裁平成14年2月15日判決（労働判例837号66頁）
⑧更生会社新潟鐵工所（退職金第1）事件：東京地裁平成16年3月9日判決（労働判例875号33頁）
⑨中谷倉庫事件：大阪地裁平成19年4月19日判決（労働判例948号50頁）
⑩中部カラー事件：東京高裁平成19年10月30日判決（労働判例964号72頁）

　なお、本解説では、裁判所が不利益変更の有効性を判断するにあたって摘示した事実を、不利益変更の必要性、相当性、適正手続の3つに分類し、有効性を肯定する要素として考慮している場合には（＋）、有効性を否定する要素として考慮している場合には（－）、どちらともいえない場合には（±）をそれぞれ付し、「考慮した事実」として整理しておりますので、個別具体的な退職金規程の変更の有効性を検討するにあたって、参考にしてください。
　また、「判旨」の下線は、筆者によるものですので、その旨ご留意ください。

① 農業協同組合の合併に伴う退職金規程の不利益変更が有効とされた事例

大曲農協事件 最高裁判所昭和63年2月16日判決（判タ668号74頁・労判512号7頁）

事案の概要 本件は、農業協同組合の合併に際し新たに作成された退職金規程が、旧組合の退職金支給倍率を低減するものであったため、旧組合の従業員がかかる退職金規程の不利益変更は認められないとして、旧退職金規程に基づく退職金の支払いを求めた事案である。一審では原告らの請求が棄却されたが、控訴審では原判決が破棄され控訴人らの請求が認容されたため、合併後の新組合が上告した。

争点 農業協同組合の合併の際に、新たに作成された退職金規程によって旧組合の退職金支給倍率を低減することは可能か。

判旨 本判決は、最高裁判所昭和43年12月25日大法廷判決を踏襲した上で、同判決がいう「当該規則条項が合理的なものであるとは、当該就業規則の作成又は変更が、その必要性及び内容の両面からみて、それによって労働者が被ることになる不利益の程度を考慮しても、なお当該労使関係における当該条項の法的規範性を是認できるだけの合理性を有するものであることをいうと解される。特に、賃金、退職金など労働者にとって重要な権利、労働条件に関し実質的な不利益を及ぼす就業規則の作成又は変更については、当該条項が、そのような不利益を労働者に法的に受忍させることを許容できるだけの高度な必要性に基づいた合理的な内容のものである場合において、その効力を生ずるものである」とした上で、本件においては、「新規程への変更によって被上告人らが被った不利益の程度、変更の必要性の高さ、その内容及び関連するその他の労働条件の改善状況に照らすと、本件における新規程への変更は、それによって被上告人らが被った不利益を考慮しても、なお上告組合の労使関係においてその法的規範性を是認できるだけの合理性を有する」と判断した。

考慮された事実 会社側の有利になるような事実…＋／不利な事実…−

（1）必要性

＋ 複数の農協が合併したことにより、労働条件の統一的画一的処理の要請から、旧組織から引き継いだ従業員

相互間の格差を是正し、単一の就業規則を作成、適用しなければならない必要性が高かった。

+ 本件では、退職金の支給倍率に関する格差は、被上告人（原告・控訴人）らの所属していた旧組合がかつて県農業協同組合中央会の指導・勧告に従わなかったため生じたものであり、本件合併に際してもかかる労働条件の格差を是正しないまま放置するならば、合併後の新組合の人事管理等の面で著しい支障が生じうる。

(2) 相当性

+ 被上告人らの給与額は、本件合併に伴う給与調整等により、合併の際に延長された定年退職時（男子は1年、女子は3年）までに通常の昇給分を超えて相当程度増額されているため、実際の退職時の基本月俸額に所定の支給倍率を乗じて算定される退職金額としては、支給倍率の低減による見かけほど低下していない。

+ 本件合併に伴って被上告人らに対してとられた給与調整の退職までの累積額は、賞与及び退職金に反映した分を含めると、おおむね本訴における被上告人らの各請求額程度に達している。

+ 本件合併後は従前に比べて休日・休暇・諸手当、旅費等の面において被上告人らは有利な取扱いを受けるようになった。

+ 合併に伴い、定年は男子が1年、女子が3年延長された。

(3) 適正手続

+ 合併前に退職金規程の格差是正のために調整が重ねられてきたが、合併期日までに実現できなかった。

◆ 分 析

本判決において特筆すべきであるのは、本判決が退職金規程の不利益変更が必要とされた従前の経緯を重視し、上告組合の財政問題ではなく、合併後の労働条件の画一的処理の必要性・事務手続の負担軽減から必要性を認めていること、また被上告人らに対して有利ともなる一定の代償措置が取られており、比較考量の手法を用いて全体として被上告人らにとって実質的な不利益は大きくないと認められることを判断の材料にしているという点であろう。

本件はまた、新規程が合理的であるというためには、就業規則の作成や変更が「その必要性及び内容の両面からみて、それによって労働者が被ることにな

る不利益の程度を考慮しても、なお当該労使関係における当該条項の法的規範性を是認できるだけの合理性を有するものでなくてはならない」とし、また「当該条項が、そのような不利益を労働者に法的に受忍させることを許容できるだけの高度な必要性に基づいた合理的な内容のものである場合において、その効力を生ずるものである」として新規程が合理的であるというための判断基準を一つ提供したものということができる。

　しかし、合理性認定のための具体的な判断手法については、本判決はこれを超えて明らかにするものではなく、どのような場合に退職金規程の不利益変更が許容されるかという判断における予測可能性を新たに提供するものではない。とりわけ、最高裁はかつて、「その代償となる労働条件を何ら提供しないものであり、かつ、右利益を是認させるような特別の事情も認められない」場合の退職金規程の不利益変更は合理性を持ち得ないと判断している一方（御國ハイヤー事件・最高裁昭和58年7月15日判決）、本判決は、退職金規程の変更とともに行われた労働条件の見直しが「退職金の支給倍率の低減に対する直接の見返りないし代償としてとられたものではない」としつつも、退職金規程の不利益変更の合理性を支える一要素としており、退職金規程の不利益変更の際に求められる代償措置の位置づけがどのようなものとなるのかを明確にするものではない。

　ともあれ、本件は、今日増加する合併というダイナミックな組織の動きの中で、どのような事情のもとにおいて、退職金規定の不利益変更が許されるのかという一事例として実務上参考になるものであると思われる。

② 更生計画遂行中の造船会社が、従業員の退職金に関する就業規則の規定を変更して、退職金を減額（最高で15.6％の引下げ）し、15年間の分割払とすることとした就業規則の変更が有効とされた事例

● **日魯造船事件** 仙台地裁平成2年10月15日判決（労働関係民事裁判例集41巻5号846頁）

事案の概要 本件は、更生計画遂行中の造船会社Y社が、従業員の退職金に関する就業規則の規定を変更して、退職金を減額したうえ、15年間の分割払とすることとしたため、その後退職した従業員が、当該就業規則の変更は無効として、旧規定に基づく退職金の支払いを請求した事案である。

争点 退職金を減額（最高で15.6％の引下げ）し、15年間の分割払とすることとした就業規則の変更は有効か。

判旨 本判決は、最高裁昭和43年12月25日大法廷判決、最高裁昭和63年2月16日第三小法廷判決を踏襲した上、就業規則の不利益変更が合理的か否か判断するに際しては、「具体的には、就業規則の変更により労働者が受ける不利益の内容、程度、労働者が受ける不利益を緩和する事情、特に代償措置の有無、内容、変更しないために会社に生じる経営上の不利益、変更により生じる利益、変更以外に取りうる手段の有無、さらには、労働組合または多数従業員の対応、変更に至るまでの労働組合との交渉の経緯等の諸事情を総合勘案すべきである」とした。そして、退職手当金規定変更の必要性、退職手当金規定変更の内容の相当性、退職手当金規定の内容自体の合理性、労働組合との交渉経緯等について詳細に認定したうえ、同「認定したところによれば、本件退職手当金規定……の変更は合理性を有するものと認めることができ」ると判示した。

考慮された事実
会社側の有利になるような事実…＋／不利な事実…－

（1）必要性
＋ 当時Y社は、更生計画遂行中の会社であった。
＋ 継続する厳しい造船不況の中で、新造船の受注予定がなく、修理船だけでは到底収支を償う事業量を確保できる見込がなかった。

- ⊕ 取引先である漁業会社の倒産等により不良債権を抱えていた。
- ⊕ 近い将来に再び倒産することが高度の蓋然性をもって予想された。
- ⊕ 再度の倒産を回避するために、再建不能となる以前の段階で、将来更生会社の重い負担となることの明らかな退職手当金規程の見直しと、一層の更生債権の切下げを含む更生計画の変更を必要としていた。
- ⊕ 退職手当金規程の見直しは、変更計画について更生債権者らの同意を得るためにも必要な措置であった。

➡「当時の更生会社には、退職手当金規定を労働者の不利益に変更する合理的な必要性が存した」と判断された。

（2）相当性
- ⊖ 分割払とされることによる中間利息相当額の損失。
- ⊕ 退職金の支払期間こそ15年間と長期ではあるものの、年金型の退職金としては異例に長期であるというほどではない。
- ⊕ 退職金の減額率は最も高い者で約15.6パーセントの減額にとどまる。
- ⊕ 本件退職手当金規定の変更は、その後に退職するすべての従業員に対し遅かれ早かれ一律公平に適用される。
- ⊕ 変更計画認可後1年以内に定年退職する従業員については、退職時の基準内賃金の1か月分（その後に定年退職する従業員については0.5か月分）相当額を功労金として加給する。

➡「労働者の退職金を受ける権利を著しく損なうものであるとまでいうことはできず、前記認定した当時の経営実情からすれば、必要やむをえない相当な範囲内」と判断された。

（3）適正手続
- ⊕ 本件退職手当金規定の変更を含む変更計画案は、労働組合分会の臨時大会において組合員の多数により賛成可決され、退職手当金規定の変更については同一内容が労働協約として締結された。
- ⊕ 組合員以外の従業員のうち、退職手当金規定の変更に異議を唱えていた者は一人しかいない。

◆ 分　析

　本件就業規則の変更により、退職金は減額（最高で15.6％の引下げ）され、かつ、15年間の分割払とされている。

分割払いによる不利益は、①支払義務者の倒産リスク、②中間利息を（一部）受け得ないことがあげられるが、本裁判例では、Y社の倒産リスクは特段指摘されていない。これは、退職金を分割払いにするほうがむしろY社の倒産リスクが軽減するため、あえて問題視するまでもないと考えたからと思われる。なお、中間利息相当額の損失について具体的な金額・程度は特に指摘されていないが、年5％・複利計算なし・均等払いを前提にすると、総額で実質20％程度の減額となり、これと直接の減額分を加えると、減額幅は相当大きいはずであり、この点についての指摘・考慮はもっとあってもよかったかと思われる。ただ、昨今の我が国における利息の水準は当時（昭和61年頃）と比して相当低下しており、現時、本件と同様の措置を取ったとしても、当時ほど中間利息相当額の損失は大きくなく、（他の事情が本件同様であれば）この点が取り立てて問題視される可能性は高くないだろう。

　いずれにせよ、本件では、継続する厳しい造船不況により、更生計画を変更し更なる債権カットを求めなければ、更生計画遂行中の被告会社が、近い将来再度倒産することが高度の蓋然性をもって予想できたのであるから、以上検討した程度の不利益にとどまるのであれば、就業規則の変更は合理的とする裁判所の判断に特段の異論はないものと思われる。

③ 給与制度改正の一環として退職金規程の支給率等を変更したことが有効とされた事例

空港環境整備協会事件 東京地裁平成6年3月31日判決
（労判656号44頁・判夕853号184頁）

事案の概要 Y社は、給与制度改正の一環として就業規則の退職金規程を改定し(S63.3.10)、旧規程では、月額給与にその勤続月額を乗じ、さらにその者の勤続年数に応じた割合(5%～21%)を乗じて退職金手当を算定していたが、新規程では、勤続期間を区分して、区分ごとに、当該区分に応じた割合(100%～120%)と当該区分における勤続年数及び退職時の月額給与を乗じて金額を算定し、その合計額を退職金手当額とする内容に変更した（ただし、実際には、退職加算金等も支給された）。これに対し、Y社に約15年半勤務していた従業員Xが、旧規則の支給率に基づく退職金の支払い（正確には支給済み退職金との差額）を求めた事案である。

争点 給与制度改正の一環として、「月額給与にその勤続月額を乗じ、さらにその者の勤続年数に応じた割合(5%～21%)を乗じて算定する」という内容の旧規程を、「勤続期間を区分して、区分に応じた割合(100%～120%)と勤続年数及び月額給与を乗じて区分ごとに金額を算定して、その合計額とする」という内容の新規程に不利益に変更することは有効か。

判旨 「本件退職規程変更は、給与制度改正の一環として、給与、諸手当等の改正と一体をなすものとして実施されたものと認めることができる。」とした上で、「本件退職規程変更によって被った原告の不利益の程度、本件退職規程変更の必要性、他の労働条件の改善内容を総合して考慮するならば、本件退職規程変更により職員が被る不利益はその変更後の一定の短期間内に限って生ずるもので、かつ、その不利益の程度も僅かである反面、本件退職規程変更が本件給与制度改正及び定年延長の前提として必要不可欠なものであったことは十分首肯でき、内容自体にも社会的妥当性が認められるから、本件退職規程変更は被告職員である原告がこれを受忍すべき高度の必要性に基づいた合理的な内容のものであるというべきである。」として、本件変更は有効と判断した。

考慮された事実
会社側の有利になるような事実…＋／不利な事実…−

（1）必要性

＋ Y社の従前の給与体系は、給与が低いのに比べ退職手当が高く、制度としてバランスを欠いていて、職員からも給与の改善要望が出ている等の問題があり、勤労意欲向上のため給与体系の改正が必要であった。

＋ 退職手当の算定方式については、その支給割合が極めて高水準で、かつ、支給限度がなく、公務員の退職手当より相当有利なものであったため、算定方式を従来のままに給与等を増額すると、旧退職規程の不当性は拡大することになり、給与体系改正の一環として退職金規程の変更も不可欠であった。

＋ Y社の事業の公共性から、公務員に準じた給与体制に改善する必要があった。

＋ Y社の事業は、国から空港駐車場用地の使用許可を得ている関係から、人件費が過大であるとの運輸省（当時）からの是正指導のみならず、使用許可の中止等の事態を想定できた。

➡「高度の必要性あり」と判断された。

（2）相当性

＋ 給与体系改正の一環としておこなわれた給与規程改正により給与自体が従前の昇給相当分を大幅に超えて増額されたため、退職時の給与に所定の支給割合を乗じて算出される退職手当は見かけほど低下したことにはなっていない。

＋ 若年早期退職者について単純に新退職規程を適用すると、適用日の新俸給額と実際に退職する場合に適用される新退職規程の条項により算出される退職手当額が、適用日の前日の旧俸給額と適用日の前日に退職したと仮定して適用される旧退職規程の条項により算出される退職手当額を下回る場合があったため、改正給与制度の適用日の前日（昭和62年9月30日）において計算上算出される退職手当額を保障する経過規定を設けた。

＋ 給与体系改正の一環として定年延長も行い、改正された給与制度の内容は公務員に極力準じたものであった。

➡「本件変更内容の合理性・相当性は肯定できる」と判断された。

（3）適正手続

明示の指摘はなし。ただし、以下の「分析」参照。

◆ 分 析

　本件は、判決文にも指摘のあるとおり、給与体系の改正の一環として、退職金規程の支給率について不利益変更を行った事案である。
　もっとも、同時期に給与体系の改正の一環としてなされた給与規程改正によって、給与自体は旧給与規程の昇給相当分を大幅に超えて増額されており、退職金規程が退職時の給与額に所定の支給割合を乗じる内容となっていることからして、実際に支給される退職手当の額は見かけほど低下していない。また、新退職規程に附則で新規定適用前日までの退職手当額を保障している（いわゆる既得権の保障）。
　このように、退職規程の変更だけをみれば不利益変更として無効ともなりうるが、同時期になされた給与規程の改定などを一体的に考慮すれば、実質的に退職規程の不利益変更を補うだけの代替措置を設けている点は、相当性の判断に大きな影響を与えたと考えられる（なお、原告の主張が、退職金の算定方法については旧退職規程を主張しつつ、その給与額は改正給与規程の給与額を用いていることも、判断にすくなからず影響したと思われる。）。
　また、適正手続については、判決文においては明示されていない。
　しかし、退職規程変更を検討するに際して、従業員に対して給与体系についての意見を求めていたこと、職員から退職金の支給割合が現行を下回る場合には不利とならない経過措置を求める要望があり、結果としていわゆる既得権を保障する附則が設けられていること（なお、判決文からは要望によって附則が設けられたかは明白ではない）等の認定事実からして、一応適正手続は履践されていたことが窺われる。
　このように、判決文には適正手続に関する指摘はないが、少なくとも本件事例においては適正に手続が履践され、特段の問題が生じなかったことが窺われる。本件が、適正手続をおろそかにしてよいということを判示したものではないことには注意が必要である。

④ 学校法人において、独自の年金制度を廃止する(100%引き下げる)内容の就業規則等の変更が有効とされた事例

名古屋学院事件 名古屋高裁平成7年7月19日判決（労判700号95頁）

事案の概要
学校法人Yは、独自の年金制度を採用し、就業規則上の制度として位置付け（S34.5.26）、職員Xらは年金拠出金を積み立てていた（S42.3.31以降）。しかし、学校法人Y理事会は、独自の年金制度の廃止を内容とする就業規則等の変更を決議し（S53.7.17）、職員Xらに対し、独自の年金制度を昭和52年3月にさかのぼって廃止する旨を通告した（S53.7.26）。これに対し、職員Xらが、年金を受給しうる地位にあることの確認等を求めた事案である。

争点
学校法人において、独自の年金制度を廃止する（100%引き下げる）内容の就業規則等の不利益変更は有効か。

判旨
「本件年金規程に基づく年金受給権の原資には、職員の拠出分が含まれているものである上、その支給条件は明確化されていて、功労報賞的性格よりも、むしろ権利性の色彩の強いものであるといえるから、これを剥奪する結果となる就業規則等の改廃については、そのような不利益を労働者に受忍させることが許容されるだけの高度の必要性に基づいた合理的な内容であることが必要であるというべきである。」
独自の年金制度の廃止については、学校法人Yの「財政窮迫状態から見てその必要があることは顕著であり、それに加えてそれに対する代償措置が講じられていること等の内容を検討すると」、職員Xらが「被ることになる不利益の程度を考慮しても、なお当該労使関係における当該条項の法規範性を是認できるだけの合理性があると判断する」として、独自の年金制度を廃止する内容の就業規則等の不利益変更は有効であるとした。

考慮された事実
会社側の有利になるような事実…＋／不利な事実…−

（1）必要性
＋ 昭和50年時点で行った独自の年金制度の将来予測によれば、独自の年金制度をそのまま存続させると、学校法人Yの経常会計から年金基金に毎年補填をしなければならなくなることが

明らかであったこと。
- ➕ 昭和48年に学校敷地の約3分の1を売却して約20億円の債務を弁済して間もなくの時期であり、財政的な基盤が十分とはいえなかったこと。
- ➕ 経常会計においては消費支出超過状態が続いていたこと。
- ➕ 昭和53年度以降の財政状態においても、人件費比率において他の私学と比較して高く、消費収支差額も低く、独自の年金制度を維持できるような財政状態ではなかったこと。
- ➕ 独自の年金制度を維持しつつ基金の健全化を図る有力な方法として、適格年金制度に準ずる制度の導入が考えられたが、この方法によっては、過去勤務債務額償却のために学校法人Yの負担が激増することとなり、学校法人Yの財政状態から見て不可能であったこと。
- ➕ 職員及び学校法人Yの拠出金率を引き上げたとしても、一時的な延命策にすぎず、いずれは同様の問題が発生することが予想されたこと。

➡独自の年金制度を廃止する「必要があることは顕著」と判断された。

（2）相当性
- ➕ 代償措置として、退職金制度の改正、非常勤講師としての再雇用制度の新設等がなされたこと。
- ➕ 他に私学共済年金制度が存在したこと。
- ➖ 昭和52年3月31日時点において算出した年金一時金を凍結し、退職時に返還すること等を内容とする就業規則等の変更は、従業員Xらに不利益を与えるものであること。

➡独自の年金制度の廃止を含めた就業規則等の変更内容は、「相当性がある」と判断された。

（3）適正手続
- ➕ 独自の年金制度の廃止権限は、経営判断事項として学校法人Y理事会の職務に属したこと。
- ➕ 学校法人Y理事会は、独自の年金制度の廃止を決議するまでに約3年の歳月をかけ、その間全職員の同意を得るべく、年金・退職金基金管理委員会における審議のほか、職員の過半数で組織する組合A及び職員Xらの所属する組合Bとの団体交渉を重ね、全職員に理事会案につき同意不同意及び意見を問う調査を実施したうえ、最終的に独自の年金制度の廃止の撤回を申し入れてきた組合Bに対しては、団体交渉の日時を設定し話し合いを求めるなどして

㋒ 就業規則の変更について、学校法人Ｙが職員の過半数で組織する職員組合Ａの意見を聴取し、その意見書を付して届出をしたこと及び職員Ｘらの所属する職員組合Ｂの意見を聴取したこと。
㋓ 就業規則の変更届出において、職員Ｘらの所属する職員組合Ｂの意見を記載した書面を添付しなかったこと。
➡ 独自の年金制度の廃止手続に「瑕疵があったとは認められ」ないと判断された。

◆ 分 析

　本判決は、独自の年金制度の廃止について、就業規則の不利益変更に関する従来からの最高裁の判断枠組みに従って、その廃止を合理的であると判断した。その判断枠組みは、本件の退職年金は権利性が強いものであり、就業規則の不利益変更には、高度の必要性に基づいた合理的な内容であることが必要であるというものである。そして、高度の必要性に基づいた合理的な内容であるか否かは、①必要性、②相当性及び③適正手続という観点から判断がなされている。
　①必要性については、年金基金の破綻が一時的なものか、学校法人Ｙの財政状況が危機的であったか、他の私学と比較して財政状態はどうか、年金制度を維持しつつ基金の健全化を図る他の方策がないかという視点から事実を評価している。②相当性については、個々の代償措置が有利か、不利かという視点ではなく、代償措置全体を含めた諸事情に基づき、従業員Ｘらが定年後において相当程度の生活を維持できる水準の収入を得ることが可能かという視点から事実を評価している。③適正手続については、従業員の同意を得るためにとるべき手段を尽くしているか、法律上要求される就業規則の変更手続を順守しているかという視点から事実を評価している。その上で、本判決は、学校法人Ｙの財政窮迫状態から独自の年金制度を廃止する必要性が顕著であり、独自の年金制度の廃止を含めた就業規則の変更内容には相当性があり、その変更手続に瑕疵はなく適正手続を経ていると判断したのである。
　学校法人Ｙの財政窮迫の状況、独自の年金を廃止しても相当程度の収入を確保できること、３年近い交渉と協議を経て廃止されたこと等をかんがみれば、本判決の結論は妥当であると評価できる。
　本判決から実務上参考になるのは、企業年金制度を廃止する就業規則の不利

益変更を行うためには、①必要性について、年金基金、企業及び同業他社との比較という財務状況に対する3つの視点に加えて、年金制度を維持しつつ基金の健全化を図る他の方策がないかという視点、②相当性について、個々の代償措置の内容よりも、代償措置全体を含めた諸事情を考慮し、定年後において相当程度の生活を維持できる水準の収入を得ることが可能かという視点、③適正手続について、従業員の同意を得るためにとるべき手段を尽くしたといえるかという視点から、その不利益内容が合理的であり有効といえるかを確認しなければならないという点である。

　なお、本判決は、拠出金の拠出義務を果たして就業規則による年金受給資格を満たした従業員も、具体的な年金受給権を取得したとはいえないこと、独自の年金制度を昭和52年3月31日にさかのぼって廃止する旨を定めても、具体的な年金受給権を取得するに至っていない従業員に対する権利侵害とはいえないことも判示している。具体的な年金受給権を取得していない現役組の場合と、具体的な年金受給権を取得している受給者の場合とでは、企業年金の廃止に対する判断基準が変わりうることを示唆しているものと解される。

⑤ 出向先との労働条件のバランスをとる必要があることを主たる理由として従業員の退職金を従来の約3分の2ないし約2分の1に減少させる退職金規程の改定が無効とされた事例

● **アスカ事件** 東京地裁平成12年12月18日判決（労判807号52頁）

事案の概要

T社の関連会社の一社であるY社が、T社の連結決算制度の導入により連結決算の対象となり、自社の従業員をT社（及びその関連会社）に出向させることとなったことに伴い、出向先であるT社等との労働条件のバランスをとることによって出向を円滑に進める目的で、平成12年2月1日に、Y社の従業員の退職金を従来の約3分の2ないし約2分の1に減少させる退職金規程の改定を行ったところ、同年2月29日付でY社を退職したXが、①退職届を提出した時点（同年1月17日）で退職金請求権が発生しているため、改定前の退職金規程が適用されるべきである②改定後の退職金規程の内容が合理性を有せず、退職金規程の改定は無効である、と主張して、改定前の退職金規程に基づく退職金及び遅延損害金の支払を求めた事案である。

争点

出向先との労働条件のバランスをとる必要があることを主たる理由として、従業員の退職金を従来の3分の2ないし2分の1に減少させる退職金規程の改定は有効か（上記②の争点）。

判旨

退職金規程を労働者に不利益に改定することについて、「当該条項が、そのような不利益を労働者に法的に受忍させることを許容できるだけの高度の必要性に基づいた合理的な内容のものである場合において、その効力を生じるものというべきである」としたうえで、本件改定後の退職金規程について、「本件退職金規程を改訂したのは、主として、東亜道路工業（T社）の連結決算の対象となったことと被告の従業員の東亜道路工業又はその関連会社への出向を円滑に進めるために、出向先との労働条件のバランスをとる必要が生じたためであったものと認められるが、この事実では、本件改訂後の退職金規程は、被告の従業員にその退職金を従来の約3分の2ないし約2分の

1に減少させることを法的に受忍させることを許容できるだけの高度の必要性に基づいた合理的な内容のものであるとは認め難いというべきである。」として、本件改定後の退職金規程は無効であると判示し、本件改定前の退職金規程に基づく退職金の支払を求めるＸの請求を認容した。

考慮された事実
会社側の有利になるような
事実…＋／不利な事実…−

（１）必要性
− 退職金規程の改定の理由（必要性）が、主として、Ｙ社の従業員のＴ社及びその関連会社への出向を円滑に進めるために、出向先との労働条件のバランスをとるという理由にとどまること。
＋ Ｙ社の経営環境が決して良好なものとはいえないこと（平成７年度の売上総利益率が26.1％であったものが、平成11年度には16％まで減少している。平成10年度の決算では10億円弱の特別損失を計上している。）。
⇒ 主として、出向先との労働条件のバランスをとるためという理由だけでは、高度の必要性は認められないとした。

（２）相当性
− 退職金規程の改定内容が、Ｙ社の従業員の退職金を従来の約３分の２ないし約２分の１に減少させるものであること。
＋ 改訂前の退職金規程により計算したＹ社の従業員の退職金が、Ｔ社及びその関連会社の退職金の約1.5倍ないし約２倍と、もともと高水準であったこと。
＋ 改定後の退職金規程により計算したＹ社の従業員の退職金が、Ｔ社及びその関連会社や日本経営者団体連合会の退職金調査による全産業平均（規模100人未満）の支給額と比べても、遜色なくほぼ同じ水準にあるといえるものであること。
⇒ ＋の各事実は、判断を左右するには足りないとした。

（３）適正手続
＋ Ｙ社の従業員のほとんどが本件退職金規程の改定に同意していること。

◆ 分　析
　本裁判例は、退職金規程の改定の有効性について、改定後の内容が高度の必要性に基づいた合理的な内容である必要があるという要件を掲げたうえで、本件改定について、退職金を従来の約３分の２ないし約２分の１に減少させることを労働者に法的に受忍させることを許容できるだけの高度の必要性がある合

理的な内容であるとは認められないとして、改定の有効性を否定したものである。

主として出向先との労働条件のバランスをとるという理由だけでは、退職金を従来の約3分の2ないし約2分の1に減少させることを許容できるだけの高度の必要性としては不十分である旨判断したのが重要な点である。

本裁判例は、退職金規程の改定の必要性・合理性を根拠づける事実（上記考慮された事実（1）、（2）の ⊕ に掲げた各事実）を複数認定しながらも、なお、「これらを勘案しても、右の判断を左右するには足りない」と判示しており、退職金規程の改定において要求される必要性（高度の必要性）の要件の充足の有無については、あくまでも慎重に判断すべきであるという立場を明確にしているといえる。

⑥ 倒産の危機に至らない個人病院において、退職金を47％引き下げる内容の就業規則変更が、代償措置や従業員の明示的な受容がない状況では合理性がないとされた事例

● 月島サマリア病院事件　東京地裁平成13年7月17日判決（労判816号63頁）

事案の概要　被告Yは個人経営の病院であり、生命保険会社との契約による企業年金と就業規則上の退職金制度を有し、後者から前者を引いた金額を支給することになっていたが、経営状況悪化のため、退職金の算定基礎を基本給の100％から80％に下げ勤続年数ごとの支給比率も削減（原告Xの場合1.5→1.0）する就業規則変更を行った（H.9.6.1、原告Xの退職金額は674万6,124円→359万7,933円の47％削減）。これに対し、平成11年4月15日付で自己都合退職した看護婦Xが変更前の算定方法に基づく退職金額の支払いを求めて認められた事案である。

争点　①退職金額算定基礎として経営者交代前からの勤続年数が認められるか。
②就業規則の変更につき、掲示板への掲示程度でも周知したといえるか。
③倒産の危機に瀕していたとまでは言えないが、多額の借入金の返済に苦しんでいた状況下で、減額率47％の退職金削減に合理性があるか。

判旨　①経営者交代時の勤続期間引継ぎについては特段の規定がないかぎり認められないが、本件では、前に退職した従業員2名について引継ぎ計算をしていることから、規定のある場合と同視できる。
②就業規則の変更について、掲示板への掲示程度の周知しかなくても、変更の効力は生じたものとみるのが相当である。
③「賃金、退職金という労働者にとって重要な権利、労働条件に関し実質的な不利益を及ぼす就業規則の作成又は変更については、当該条項が、そのような不利益を労働者に受忍させることを許容できるだけの高度の必要性に基づいた合理的な内容のものである場合において、その効力を生ずる。」
「この合理性の判断要素として本件においてあらわれている事情としては、本件就業規則の変更による不利益性の程度のほか、被告の経営状態等、代償措置

の有無、従業員の側の対応が挙げられる。」

「本件就業規則の変更については、その不利益性は相当程度大きいところ、被告がこれに対する代償措置を講じた事実が認められず、かつ、従業員の対応等によって変更の合理性が基礎付けられるものではないと解される下で、本件就業規則の変更当時の被告の経営状態が、必ずしも芳しくなかったとはいえ、倒産の危機に瀕しているとまではいえないのであって、他に本件就業規則の変更の効力が原告に及ぶことを根拠付ける主張、立証のない本件においては、……この変更が合理的なものであると解することはできないものといわざるを得ない。」
として原告の請求を認容した。

考慮された事実
会社側の有利になるような事実…＋／不利な事実…－

（1）必要性

＋ Y病院は平成4年分の売り上げが8億6,426万円あったが、事業所得は519万円、銀行借入金額は8億8,540万円であった。平成5年に、①経営者の報酬を3分の1に削減する、②事務長、次長、上級幹部の賃金を3割削減する等の措置を講じ、一時的に経営内容が好転したものの、また落ち込み、平成9年分では売り上げが8億2,785万円あったが事業所得は360万円で、銀行借入金は9億227万円となっており、借入金の返済に苦しんでいた。

＋ 平成8年ころから、厚生省が進める医療改革の一貫として院外処方への切換えに伴う薬問屋への支払資金（約2,000万円）の調達、付添婦廃止に伴う看護補助者の採用等、Yの経営を圧迫する状況があった。

＋ Y病院の診療報酬は7割が人工透析であったが、人工透析を行う他の病院が近隣に進出した。人工透析患者の有力な供給源であった聖路加国際病院が自ら人工透析を開始することになった。

➡ 退職金削減の必要性は一定程度あるものと思われるが、なお、「倒産の危機に瀕しているとまではいえない」ことが不利益変更無効との判断に結びついた。

（2）相当性

－ 原告については退職金支給額が47％削減される就業規則変更であり、その不利益性は相当程度大きい。

± 代償措置を講じたとは認められない。

慰労金・功労金付加の規定はあるが、従業員であれば確実に支給される性質のものとまではいえないから、代償措置とみることは困難である。

定年退職者が出る10年後に見直す措置については、10年内に中途退職する者にとっては意味がないから、これも代償措置とみることは困難である。
➡️ 大きな不利益性を補う要素はないと判断された。
（3）適正手続
± 本件就業規則の変更は、事務長、次長等の従業員代表との協議により決定された。
＋ 本件就業規則変更の内容は、約1か月間掲示板に掲示して、原告を含む従業員に周知した。
− Yは、本件就業規則変更に関し、従業員全員に対して直接これを説明する機会を持ったことはなく、他に従業員の明示的な受容があったことを認めるに足りる証拠はない。
➡️ 就業規則変更自体は一応の周知がされたと認められたが、従業員の対応等によって、変更の合理性を基礎づけるような事情はないと判断された。

◆ 分　析

　本判決は、退職金の不利益変更について大変参考になる事例である。というのは、退職金不利益変更の必要性は一定程度認められ、相当性・適正手続に若干のプラス要素があれば有効となった可能性があるからである。
　相当性については、慰労金・功労金付加の規定、10年後見直し措置のいずれも代償措置とは認められなかった。既に発生している退職金受給権を削減するという不利益を補うには、それなりの代償措置が必要である。たとえば、就業規則変更から1年以内に退職する場合には、変更前の規定で計算した既発生退職金額を支給する等の措置が必要なのではないかと考えられる。
　適正手続は、本件で最も問題とすべき点である。判旨の論調からすれば、もう少し手続を尽くして、「従業員の明示的な受容」を得ることさえできていれば、代償措置がなくても本件退職金不利益変更は有効と認められる余地があったと考えられる。本件就業規則変更は、事務長、次長等との協議により決定され、その後、約1か月間掲示板に掲示して従業員に周知したとのことであるが、「周知」は一応なされたと認められたものの、事務長、次長は経営に一定程度参画する立場であり、特に「従業員の明示的な受容」があったとはいえない、とされた。従業員全体に対する説明・話し合いの機会を持ち、そこで一定の代償措置を提案する等の手続を踏むべきであったと考えられる。

⑦ 退職金支給の有無及び支給額を取締役会で個別に決定できるという規定を就業規則に設けたことが、許されない不利益変更であるとして無効とされた事例

ドラール事件　札幌地裁平成14年2月15日判決（労働判例837号66頁）

事案の概要

Y会社では、会社業績の悪化に伴い、退職金について、取締役会で個別の従業員について、退職金を支給するか否か、支給するとしていくら支給するか決めることができる旨就業規則を改定した。これに基づき退職金が支給されなかった元従業員Xが、このような就業規則の不利益変更は無効であるから、それに基づく取締役会決議も無効であり、改定前の就業規則に基づく退職金の支払いを求めて提訴したという事案である。

※本件では他の請求もなされているが、本稿では退職金に関する争点にのみ触れる。

争点

退職金支給の有無や金額を従業員ごとに決めることができるという内容の就業規則の不利益変更は有効か。

判旨

「本件改訂は、これによる不利益を労働者に法的に受忍させることを許容できるだけの高度の必要性に基づいた合理的な内容のものであるとはいい難く、これに同意しない原告に対してその効力を認めることはできず、したがって、本件改訂に係る退職金規定第8条に基づく、原告に退職金を支給しない旨の被告取締役会の決定もまた無効である」と判断された。

考慮された事実
会社側の有利になるような事実…＋／不利な事実…−

（1）必要性

＋ 就業規則変更当時、相当程度の収益の悪化があった。たとえば、営業収益は約60億円から48億円に減少、営業利益は約1億4,000万円を確保していたものが約4,000万円に激減し、経常利益も約2億円あったものが約8,000万円に半減し、また、税引後当期純利益も約1億円あったものが約4,291万円に半減した。

− この改定にあたって、向後の退職者数及び退職金支給額の見込みや、収益改善のために他のどのような対策があり、退職金支給額の圧縮が避けられないものか否かについて具体的な検討がされたのか明らかでない。

➡️「退職金支給額の圧縮が収益改善のための必要不可欠な措置といえると証拠上認めることはできない」と判断された。

（2）相当性

○ 取締役会が個別決定をすれば、従前の退職金規定によれば勤続年数と支給率に応じて一定額に定められていた退職金の金額を減額し、場合によっては不支給とすることが可能となる。

○ Xと同時期に退職した従業員とそれ以後に退職した従業員には一定の退職金が支給されたにもかかわらず、Xには支給されないという、恣意的ともいうべき従業員間の不平等を招来する結果となっている。

○ 本件改定にあたり代償措置やこれを緩和する措置を設けたり、関連する他の労働条件を改善したと認めるに足りる証拠はない。

➡️「合理性ないし社会的妥当性に疑問がある」と判断された。

（3）適正手続

○ 本件改定にあたり、従業員の過半数で組織する労働組合又は従業員の過半数を代表する者の意見を聴取したと認めるに足りる証拠はない。

➡️「その変更手続それ自体の正当性にも疑義がある」と判断された。

◆ 分　析

　就業規則を改定して、取締役会で規定を設け、それに基づき退職金を不支給にした従業員から、改定した就業規則と取締役会決議の無効を主張された事案である。裁判所は、会社の収益の悪化を認めつつも、この措置が必要不可欠なものとは評価できず、また内容の相当性や適正手続にも欠けるとして、従業員の主張を全面的に認めた。退職金規程の不利益変更を有効にするには、会社にとって必要性・相当性・適正手続にまんべんなく配慮することが肝要であることを改めて認識させられる裁判例である。

⑧ 更生会社において、支給率を80％引き下げる内容の退職金規程の変更が有効とされた事例

更生会社新潟鐵工所（退職金第1）事件
東京地裁平成16年3月9日判決
（労判875号33頁）

事案の概要

会社更生手続開始決定（H14.1.25）を受けたA社（更生管財人はY）は、就業規則の退職金規程を改定し（H14.4.26）、退職金支給率を一律に80％引き下げ、旧規則の20％とした（ただし、実際には、退職加算金等も支給された）。これに対し、A社に長年勤務していた従業員Xら（5名）が、旧規則の支給率に基づく退職金の支払い（正確には支給済み退職金との差額）を求めた事案である。

争点

更生会社において、退職金支給率を80％引き下げる内容の退職金規程の不利益変更は有効か。

判旨

「本件変更は、労働契約の本質部分に関する重大な変更であるが、原告らの不利益は、既得権化されたものの侵害とはいえず、かつ、本件変更がなければ破産にいたり本件退職金の実際の支払は期待できなかったという本件の特殊な状況の下では実質的に見て大きなものとはいえず、他方、変更の必要性は高度なものがあり、その内容も合理的で変更に至る手続も相当なものといえるから、本件変更による不利益を法的に受忍させることもやむを得ない程度の高度の必要性に基づいた合理的な内容のものであると認めるのが相当である。」として、本件変更は有効と判断した。

考慮された事実
会社側の有利になるような事実…＋／不利な事実…−

（1）必要性

＋ 退職支給基準を切り下げなければ、更生計画の策定ができず、破産手続に移行せざるをえない状況であったこと（H14.3末時点の従業員全員の退職金約310億円に対し、A社適格年金積立金は約14億円）。

＋ 破産の場合には、主要資産は担保権者への弁済に充当されてしまい、退職手当の原資はほとんど確保できない状況であったこと（破産の場合には退職金が支給されない見込みであったこと。なお、A社は財産評定前で資産合計約800億円、負債合計2,300億円であった。）。

更生会社新潟鐵工所（退職金第1）事件

+ 本件退職金は、生活保障的あるいは功労報償的な要素等を併せ備えており、旧規則に基づく退職金が実質的に既発生で原告らの既得権になっているとまではいえないこと（ただし、退職金の賃金の後払いとしての性格からすれば、原告らが旧規則に基づく退職金に関して法的保護に値する期待利益を有することは本判決も認めるところであり、それゆえ、本件変更が不利益変更にあたるとしている。）。
+ 改定後の退職金の額はおおよそXらの約9か月分の賃金に相当する額である（約266〜415万円）が、退職加算金支給後の支給額を破産の場合に比較すれば、実質的不利益なしとも評価できること。

➡「高度の必要性あり」「実質的な不利益はない」と判断された。

（2）相当性

+ スポンサー候補との交渉が進行中で営業譲渡の可否すら未確定である中で、近々大量の退職者が出るため、早急に退職金引下げを実施する必要があるという特殊な状況下にあったこと。
+ 支給可能な最低限の原資と最多の支給対象者を想定した上、とりあえず個別事情を考慮することなく一律に可能な支給率（旧規則の20%）にまで引き下げ、その後、原資の増加に応じて、加算金を支給することとし、その中で高齢者や雇用が確保されなかった者など個々の事情を考慮するという合理的な方法を取ったこと。
+ 第一回退職加算金（一律旧規則の31%）が支払われ、年齢加算金（高齢者に対する配慮）や転籍対象外加算（希望に反し営業譲渡先に雇用されなかった者に対する配慮）も含めれば、Xらは旧規則に基づく退職手当の金額の74〜77%の支払を受けていること（金額にして、旧退職金約1,300〜2,000万円に対し、約980〜1,580万円）。
+ 原資を得られればさらに退職加算金が支給されることになっていたこと。
+ 再就職支援金（Xらの約3か月分の賃金に相当。約130〜165万円）及び雇用開発室設置、人材派遣会社との連携等の再就職支援策も講じていること（これらは直接的には事実上の解雇に対する手当てではあるが、退職に伴う生活上の不利益を緩和するためのものとしては生活保障的要素を備える本件退職金と共通する面があり、本件変更の合理性を補強する事情である、と判断されている。）。

➡「本件変更内容の合理性・相当性は肯定できる」と判断された。

（3）適正手続

+ 更生手続開始申立直後に説明会を開催し、退職金は共益債権あるいは優先

的更生債権である等の説明はされたものの、その後一部の営業譲渡に伴い満額退職金を受け取って移籍する従業員と残留する従業員との公平を図るために緊急に就業規則を改定する必要が生じ、約2週間強の間に組合との協議、組合の質問要望を受けた上での改定案作成、質疑応答や説明を連日行ったこと。
⊕ 非組合員管理職に対しても、組合協議と並行して説明会開催や質疑応答・意見表明の機会を設けたこと。
⊕ 説明の内容も必要十分なものであったこと。
⊕ 全従業員の70％を超える従業員が組織する組合と労働協約を締結したこと。
⊕ イントラネット上に掲載し、新規則の周知を行ったこと。
➡ 「手続として相当なものであった」と判断された。

◆ 分　析

　本件は、判決文においても一度ならず「特殊な状況下」と表現されている点に現れているとおり、会社更生開始決定を受けた更生会社が、就業規則に定める退職金支給率を一律に80％も引き下げるというドラスティックな不利益変更を行った事案である。
　もっとも、実際には、各種の加算金により、原告従業員らが最終的には旧規則に基づく退職手当の金額の88〜90％の支払を受けている（実質退職金合計約1,200〜1,800万円）という事実が存在することもあり、実務の感覚からすれば、本件の不利益変更が有効と判断されたことは至極妥当であると評価できよう。仮に、原告従業員らが最終的にも20％の支払しか受けられなかった場合でも有効と判断されるか否かは判断が難しいところであるが、破産すれば退職金の支払が全く期待できなかったことや、適正な手続が履践されていることに照らせば、ぎりぎりのところで有効と判断される可能性もあるのではないかと考える（ただし、20％という支払水準が実質的平等に反するような場合は、本件不利益変更が当該従業員らについてのみ無効とされるような場合もあろう）。
　本件で実務上参考になるのは、退職金を切り下げなければ破産必至であることが判明した時点において、退職金規程の支給水準は想定できる最悪の支給率にまで引き下げた上で、その後退職金支払に充てられる原資がある程度確保できた段階で、数度にわたり、「退職加算金」や「再就職支援金」といった上乗せ支給を計画的に実施しているという点である。しかも、「退職加算金」も数種類設定され、全従業員に一律に加算する「一律加算金」のほか、転職の困難

な中高年齢者層に配慮した「年齢加算金」や、営業譲渡先に転籍できなかった従業員に対する「転籍対象外加算金」等、実質的平等が可能な限り図られるような合理的な支給計画が策定されていた。こうした計画が立てられた背景には、就業規則が強行的・直律的効力を有する（労基法93条）ことや履行可能な更生計画案作成の必要があったことにかんがみ、就業規則の一部である退職金規程は最低限支給可能な水準にしておく必要性があったものと思われるが、手続面においても実務上大いに参考になる事案である。

⑨ 年間売上げの3分の2を占めていた取引先が倒産したことから、連鎖倒産を回避するために退職金支給額を半額とする旨の退職金規程改定が有効とされた事例

中谷倉庫事件　大阪地裁平成19年4月19日判決（労判948号50頁）

事案の概要

Y社は、貨物自動車運送業や倉庫業を営んでいたが、平成14年5月、年間売上げの3分の2を占めていた取引先2社が倒産したことから、連鎖倒産を回避するために、企業年金の解約、賃貸倉庫の閉鎖、土地の売却、取締役らの報酬減額の他、人件費削減の措置を講ずることとし、人件費削減の一環として、平成16年10月に退職金規程を改定し、退職金額をほぼ半額とすることとした。
これに対し、平成17年8月にY社を定年退職したXが、本件改定は無効であると主張し、旧規程と新規程との差額にあたる退職金を支払うよう求めた事案である。

争点

年間売上げの3分の2を占めていた取引先2社が倒産した会社において、退職金支給率を約半額に引き下げる内容の退職金規程の不利益変更は有効か。

判旨

「賃金、退職金など労働者にとって重要な権利、労働条件に関し実質的な不利益を及ぼす就業規則の作成又は変更については、当該条項が、そのような不利益を労働者に法的に受忍させることを許容することができるだけの高度の必要性に基づいた合理的な内容のものである場合において、その効力を生ずるものというべきである。」としたうえ、「大口取引先であるN製紙及びM社の倒産を受けて、連鎖倒産を回避するための措置が講じられ、その一環として本件改定がなされ、改定の必要性を認めることができる」ことに加え、本件改定を認めなかった場合の状況や過半数従業員の意向も考慮すると「その改定の内容も合理性を有するものといわざるを得ない」としてXの請求を棄却した。

中谷倉庫事件

|考慮された事実|
|会社側の有利になるような事実…＋/不利な事実…－|

（1）必要性

＋ Y社は、必ずしも経営状態が良好とはいえなかったところ、平成14年5月29日、売上高の3分の2を占める大口取引先が倒産し、売上が激減することとなった結果、経営規模を大幅に縮小し、生き残りをかけ、倒産回避のための措置を講じた。

＋ Y社は希望退職を募ったが、これに応じた者に対しても退職金を支払う資金がなく、平成16年12月になって、ようやく、旧規程の約半額が支払われたに過ぎず、残額については、未だに支払えない状態である。

＋ 退職金は引当金として予め準備しておくべきものであるが、原資がなく引当てできていない。

➡ 高度の必要性ありと判断された。

（2）相当性

－ 退職金が給与の後払い的性格も有することを考えると、その減額の程度は大きい。

＋ Y社としては、今後、安定して経常利益を計上できる状態にあるとはいいがたく、本件改定を認めなかった場合の上記負担はY社の経営を圧迫することが予想され、倒産の危険も存し、本件改定の内容はやむをえないといわざるをえない。

➡ 本件変更内容は合理性を有すると判断された。

（3）適正手続

＋ Y社は、労働者の過半数（20名中16名）で組織する企業内組合の同意を得た。

＋ Y社は、Xが所属する上記企業内組合とは別の労働組合（中谷倉庫分会）に対し、何度も交渉を申し入れたが、中谷倉庫分会はこれに応じようとしなかった。

➡ 本件変更内容は合理性を有すると判断された。

◆ 分 析

本件規程改定は、退職金額を約半額にまで減ずるものであるが、年間売上げの3分の2を占めていた取引先が倒産し、連鎖倒産を回避するためにとられた諸措置の一環（なお、取引先の倒産から本件改定までの間に2年以上が経過していることについては、退職金規程の改定にまで手が回らなかったにすぎなかったこと

が窺われるとしている。）であることから、「高度の必要性に基づいた合理的な内容」であるとの結論に異論はないものと思われる。

　なお、本件規程改定の必要性を検討するにあたって具体的に摘示されているわけではないが、企業年金の解約、賃貸倉庫の閉鎖、土地の売却、取締役らの報酬減額等、会社として倒産回避のために必要な措置をすでにとっていることは、本件規程改定の必要性を肯定する大きな要素となっていると思われる。

⑩ 適格退職年金制度を廃止し、新たに、中小企業退職金共済制度に移行させ、併せて、企業内積立として養老保険を採用する旨の就業規則の変更が、従業員に対し実質的に周知されたとは認められないとして、無効であると判断された事例

● 中部カラー事件　東京高裁平成19年10月30日判決（労判964号72頁）

事案の概要

Y社（一審被告・被控訴人）は、退職金について適格退職年金契約に基づく企業年金制度を採用していたが、いわゆるバブル経済崩壊後、適格年金資産の運用利回りが年率5.5％を大きく下回って1％以下となり、Y社においても積立不足が生じ、以後も拡大が予想された。そこで、Y社は、平成15年3月、適格退職年金制度を廃止し、新たに、中小企業退職金共済制度（以下「中退共」）に移行させ、併せて、企業内積立として養老保険を採用することとし、その旨の就業規則の変更について、当時営業課長であったX（一審原告・控訴人）も出席していた経営会議にて説明を行ったが出席者からは何ら質問がなく、さらに、翌日Xを含む全従業員が出席した全体朝礼にて、就業規則の変更につき説明を行った上、質問があれば申し出るように尋ねたが、なんら質問はなく、かえって全体朝礼で従業員代表として選出された総務課長から、就業規則中の退職金に関する規定の変更については異議がない旨の意見書が出された。

これを受けてY社は就業規則の変更を行った。その後、Xを含む全従業員は中退共の契約である中小企業退職金契約書に自筆署名ないし押印した（Xは自筆署名）。ただし、この就業規則は労基署へは届けられていない。

その後、XはY社を自己都合により退職したが、Y社から退職一時金として288万円余しか受け取ることができなかったことから、（1）就業規則が労基署に届け出られていないこと、（2）労働基準法106条1項所定の方法により従業員に周知がなされていないことを根拠に、就業規則の変更は無効であるとして、変更前規定による就業規則に従い計算した退職金額との差額786万円の支払を求めた。

一審ではY社が勝訴したため、Xが控訴したもの。

争点

労働基準監督署への届出なく行われた、適格退職年金制度を廃止し、新たに、中小企業退職金共済制度（以下「中退共」）に移行させ、併せて、企業内積立として養老保険を採用するとの内容の就業規則の変更は、有効か。

判旨

「就業規則の変更について、労働基準監督署への届出がなかった場合であっても、従業員に対し実質的に周知されていれば、変更は有効と解する余地がある」としたうえ、実質的な周知がなされたかを検討し、結論としては、「変更が従業員に対し実質的に周知されたとは認められないことなどから、同変更は無効である」と判断した。

考慮された事実
会社側の有利になるような事実…＋／不利な事実…－

（1）必要性
　摘示なし
（2）相当性
　摘示なし
（3）適正手続
－　Xも出席していた経営会議においては、新制度において中途退職した場合には旧制度に比較して退職者が不利となることはなんら告げられなかった。
－　始業前の全体朝礼という性格上詳細な説明をしたとは考えがたいこと、制度変更についての説明文書等を配布するなどの努力をしていないことなどから、全体朝礼での説明も、中途退職した場合の退職金の額の問題にまで及んでいたとは認められない。
－　（Y社は変更後の就業規則を休憩室の壁に掛けていたと主張するが）変更後の就業規則は、退職金の金額の計算、算出に関して、「中小企業退職金共済制度と第一生命保険相互会社の養老保険への加入を行い、その支払額とする」という規定を置くのみであり、それ以上、退職手当の決定、計算に関する事項に関する規定を含まない。

◆ 分析

就業規則については、労働基準法上、届出義務（89条）、周知義務（106条1項）が課されているが、届出義務違反は就業規則の民事上の効力を否定するものではなく、また、106条1項所定の方法でなくとも従業員に実質的に周知されていれば就業規則の効力発生を妨げない、とするのが通説・裁判例の主流で

あり、本判決でも同様の立場をとっている。
　本件では、実質的な周知がなされていないことを理由に就業規則の効力を否定しており、そのため、就業規則変更の必要性・相当性の判断には踏み込んでいない（必要性・相当性を基礎づける事実が摘示されていないのはかかる理由による）。ただし、本判決は、変更後の規定が休憩室の壁に掛けられていたとしても、それは「退職手当の決定、計算に関する事項に関する規程を含まない」ものにすぎないことを一つの理由として、実質的な周知をなされていないと判断しており、退職金の計算方法を変更する場合に、実質的に周知したと言いうるにはどの程度の措置をとる必要があるかという点については参考になろう。

〈執筆者一覧〉

秋山 清人	（弁護士	山崎・秋山法律事務所）
岩崎 通也	（弁護士	渥美総合法律事務所）
大谷 惣一	（弁護士	シュエット法律事務所）
隈本 源太郎	（弁護士	隈本綜合法律事務所）
酒井 俊介	（弁護士	東京八丁堀法律事務所）
髙山 烈	（弁護士	竹田真一郎法律事務所）
中重 克巳	（弁護士	山田・尾﨑法律事務所）
野口 彩子	（弁護士	シグマ法律会計事務所）
福崎 剛志	（弁護士	鳥飼総合法律事務所）
松井 創	（弁護士	山崎・秋山法律事務所）
南山 佳仁	（弁護士	野田総合法律事務所）
山田 大護	（弁護士	菊池総合法律事務所）
石井 清香	（社会保険労務士	総合労務コンサルタント石井清香事務所）
織田 純代	（社会保険労務士	社会保険労務士法人 日本人事）
金子 浩	（社会保険労務士	社会保険労務士法人 開東社会保険労務事務所）
小泉 桂太	（社会保険労務士	社会保険労務士法人 開東社会保険労務事務所）
酒井 登志枝	（社会保険労務士	Office SAKAI）
時枝 慎一郎	（社会保険労務士	時枝社会保険労務士事務所）
中村 友美	（社会保険労務士	社会保険労務士法人 開東社会保険労務事務所）
三平 和男	（社会保険労務士	三平社会保険労務士事務所）
山本 喜一	（社会保険労務士	社会保険労務士法人 日本人事）

〈編著・研究会紹介〉

労務・社会保険法研究会

中小企業の日々の労務管理において、日頃から紛争解決の手段まで視野に入れた適切な法的サービスを提供したいとの想いから発足した、第二東京弁護士会所属の弁護士と社会保険労務士の有志による研究会。平成20年10月の発足から、異なる士業間で中小企業における問題や視点を共有し、情報を発信している。

＊なお労務・社会保険法研究会は、第二東京弁護士会の会員により構成されていますが、第二東京弁護士会の機関ではなく、第二東京弁護士会は、本書の出版、内容につき何ら関与しておらず、本書に関して何らの責任を負うものではありません。

退職金切り下げの理論と実務
——つまずかない労務管理——

2010(平成22)年3月1日　第1版第1刷発行

編　者　労務・社会保険法研究会
発行者　今井 貴・渡辺左近
発行所　株式会社 信山社
〒113-0033　東京都文京区本郷 6-2-9-102
Tel 03-3818-1019　Fax 03-3818-0344
info@shinzansha.co.jp
笠間才木支店　〒309-1611　茨城県笠間市笠間 515-3
笠間来栖支店　〒309-1625　茨城県笠間市来栖 2345-1
Tel 0296-71-0215　Fax 0296-72-5410
出版契約 2010-5367-2-01010　Printed in Japan

©労務・社会保険法研究会, 2010 印刷・製本／松澤印刷・渋谷文泉閣
ISBN978-4-7972-5367-2 C3332 分類328.608-d001 労働法・社会保障法
5367-0101:012-010-005 p232:b1500:P2900《禁無断複写》

信山社　判例総合解説シリーズ

民法判例総合解説シリーズ

権利能力なき社団・財団　河内 宏　2,400円	リース契約　手塚宣夫　2,200円
錯誤　小林一俊　2,400円	権利金・更新料　石外克喜　2,900円
即時取得　生熊長幸　2,200円	不当利得　土田哲也　2,400円
入会権　中尾英俊　2,900円	事実婚　二宮周平　2,800円
保証人保護〔第2版〕　平野裕之　3,200円	婚姻無効　右近健男　2,200円
間接被害者　平野裕之　2,800円	親権　佐藤隆夫　2,200円
危険負担　小野秀誠　2,900円	相続・贈与と税　三木義一　2,900円
同時履行の抗弁権　清水 元　2,300円	

刑事訴訟法判例総合解説シリーズ

上訴の申立て　大渕敏和　2,900円	迅速な裁判／裁判の公開　羽渕清司　2,200円
訴因変更【Ⅰ】　佐々木正輝　3,500円	続々刊行中

信山社

労働法判例総合解説 12

競業避止義務・秘密保持義務

石橋 洋 著

重要判例とその理論的発展を整理・分析

戦後の労働契約上の競業避止義務と秘密保持義務をめぐる判例を整理・分析した待望の判例解説集。知的財産立国に向けての政策的誘導と知的財産法制の整備を背景として、また、2008年の労働契約法の成立も相まって、英米法の理論水準に達し、更には、日本独自の理論的蓄積がなされてきた昨今の状況を一冊に凝縮した、日本の現在の到達点を示す待望の書。
ISBN978-4-7972-5770-0 C3332　　定価：本体2,500円＋税

労働法判例総合解説 37

団体交渉・労使協議制

野川 忍 著

団体交渉権の変質と今後の課題を展望

「労働三権」は団体交渉権を軸としており、労働組合の中心的な役割が団体交渉により個別労働契約の本質的な不均衡を補うことにある。今までの団体交渉システムがもたらした法的課題、それへの司法の取組みを概観することは非常に重要である。団体交渉の法的意義を捉えなおして将来を展望する契機とするだけでなく、曲がり角にある労働組合運動の将来を考えるうえでも不可欠の1冊。
ISBN978-4-7972-5787-8 C3332　　定価：本体2,900円＋税

信山社

労働法判例総合解説 20
休憩・休日・変形労働時間制
柳屋 孝安 著
労働時間規制のあり方を論点別に検証

休憩時間と休日は、就業形態の多様化に伴い、従来の労働時間規制のあり方が見直しを迫られている。労働時間を自己管理する範囲の拡大、フレックスタイム制の導入、1カ月単位の変形労働時間制について、その実施要件や効果等々を論点ごとに判例を整理し検証する。論点目次もついて、わかりやすく便利。

ISBN978-4-7972-5770-0 C3332　　定価：本体 2,600 円＋税

労働法判例総合解説 39
不当労働行為の成立要件
道幸 哲也 著
不当労働行為の実体法理と成否を検証

格差問題やワーキング・プアの存在が注目され、いまさらながらセーフティ・ネットの重要性が強調されている。憲法論議においても、28 条論はほとんどなされていない。労働組合法よりも従業員代表制度に関心が移りつつある。このような困難な状況において不当労働行為制度はどうなるか。判例を整理し判例法理を検討する。

ISBN978-4-7972-5789-2 C3332　　定価：本体 2,900 円＋税

信山社

信山社　理論と実際シリーズ

時代の要請に応える **実践理論** 理論から実際を 実際から理論を

インタラクティブな視座により新しい道筋を示す

企業結合法制の実践
中東正文

時代の要請に応え、実務と理論を架橋

ここ10年の間に、多数の企業結合法制の大転換を経験した実務において、都度多数の意見や判例が蓄積され、現在も常に新しい問題、解決策が提示されているが、その状況に対して、一旦巨視的な視座に立ち戻って、今一度理論の実践がいかにあるべきであるか（あったか）を検証すべきではないだろうか。そのような視点に立って、日本の社会状況の変化も見据えながら、総合的･体系的に捉えなおした画期的書籍。

ISBN978-4-7972-5831-8　C3332　　定価：本体 3,400 円＋税

農地法概説
宮﨑直己

農地転売、転用に関する問題点

地方自治体の行政職員と弁護士など法曹実務家に最適の書。農地関係の民事紛争などが発生した場合に、問題解決の手がかりになる判例を整理・多数詳説した待望の書。農地法についての基礎知識から高度な議論までを凝縮し、今後の農業経営、農業政策にも有益な示唆を与える。初学者から実務家まで必備の書。

ISBN978-4-7972-5834-9　C3332　　定価：本体 3,800 円＋税

輸出管理論
田上博道・森本正崇

日本の輸出リスク管理を体系的に概説

輸出管理業務に携わる人の利便を考慮し、具体的・包括的に日本の安全保障貿易管理の理論と実務を詳述した実践的概説書。輸出管理に従事する企業や大学・研究機関の担当者、国際政治や国際法に興味を持つ方に最適。信頼ある執筆者により、企業・大学が不測の事態に巻き込まれないため、また、日本の安全保障レベル向上のためにも必備の書。

ISBN978-4-7972-5833-2　C3332　　定価：本体 4,200 円＋税

特許侵害訴訟の実務と理論
布井要太郎

クレーム解釈などの実務状況と海外の最新状況

特許侵害訴訟の主要論点であるクレーム解釈と均等論につき、大阪地裁・東京地裁の各工業所有権部および東京地財高裁、最高裁判所の最新判例を紹介、解説。
加えて、関連するドイツなどの欧州諸国やアメリカ合衆国の判例と議論状況を詳述する。実務から研究まで必備の知的財産の理論と実務の最先端。

ISBN978-4-7972-5839-4　C3332　　定価：本体 3,800 円＋税

信山社

山川隆一 編 　プラクティスシリーズ　　気鋭の研究者・実務家による充実の書

プラクティス労働法

A5変・上製　約430頁　本体3,800円（税別）

● 具体例から正確な理解を図る ●

【執筆】山川隆一（1章,4章〔2,3〕,19章,20章,21章,22章,総合演習・事例）、皆川宏之（2章,5章,6章）、櫻庭涼子（3章,4章〔1〕,15章）、桑村裕美子（7章,8章,9章）、原昌登（10章,11章,12章）、中益陽子（13章,14章,26章）、渡邊絹子（16章,17章,18章）、竹内（奥野）寿（23章,24章,25章）、野口彩子（総合演習・1,2,6解説）、石井悦子（総合演習・3,4,5解説）〔執筆順〕

基本概念の正確な理解に有効な説明事例 Illustration を使用した解説方法を採用。各章に演習（CASE）・解説付き。さらに巻末では「総合演習」および解説をおこない、基礎から応用までを一冊に凝縮。具体的事例を、基礎から実践的理解のために多用した、新感覚の最新テキスト!!

- 第1章 労働法総論
- 第2章 労働契約・雇用関係の当事者
- 第3章 就業規則
- 第4章 労働憲章・雇用平等
- 第5章 雇用関係の成立
- 第6章 労働契約上の権利義務
- 第7章 人事1―人事考課・昇進、昇格・降格
- 第8章 人事2―配転、出向、転籍・休職
- 第9章 賃金
- 第10章 労働時間1―労働時間の原則・休憩・休日
- 第11章 労働時間2―労働時間の弾力化、適用除外
- 第12章 柔軟な労働時間制度
- 第13章 年次有給休暇・ワークライフバランス・女性とモチあの育児
- 第14章 安全衛生・労災補償
- 第15章 懲戒
- 第16章 雇用関係の終了1―合意解約・辞職・企業組織変動と労働契約の終了
- 第17章 雇用関係の終了2―解雇
- 第18章 非典型雇用―有期労働・パートタイム労働・派遣労働
- 第19章 労使関係総論―労働基本権・労働組合
- 第20章 労働組合の運営
- 第21章 団体交渉・労働協約
- 第22章 団体行動
- 第23章 不当労働行為1―総論・不利益取扱い
- 第24章 不当労働行為2―支配介入・大助かん・青任暴占と不当労働行為
- 第25章 労働関係争議の解決
- 第26章 労働市場法
- 総合演習（第1問～第6問）
- ★〔資料1〕就業規則例／〔資料2〕36協定例

事業承継法の理論と実際

事業承継実務における必携・必読の書

- 第1部　事業承継の問題点
- 第2部　経営承継円滑化法および新事業承継税制
- 第3部　種類株式および新株予約権の活用
- 第4部　相続人等に対する売渡請求
- 第5部　株式の評価
- 第6部　事業承継と組織再編
- 第7部　事業承継とM＆A
- 第8部　事業承継に係る諸問題の対策
- 第9部　事業承継と「事業の信託」
- 第10部　事業承継の計画

今川嘉文 著

ISBN978-4-7972-5632-5　¥3,600（税別）

信山社

民法改正と世界の民法典

民法改正研究会(代表 加藤雅信)

第Ⅰ部 日本民法典の改正／第Ⅱ部 世界に見る民法改正の諸問題／第Ⅲ部 世界に見る民法典のハーモナイゼーションを目指して／第Ⅳ部 資料編

世界に見る民法典の制定とその改正

渡辺 章 著
労働法講義 上（総論・雇用関係法Ⅰ）
A5変 768頁 本体価格6,300円（税別）

正確な理論体系解説と豊富な判例解説

労働法理論の適用場面をリアルに解説した法科大学院用体系書。
上巻14講・下巻10講で構成した新司法試験対応基本書。
〔上巻内容〕労働関係法総説／労働基本権の保障／労働重要／労働契約と就業規則／労働契約上の権利義務／労使協定・労働協約／賃金協定／法定労働時間・時間外労働／年次有給休暇／労働契約の成立と試用労働制／異動人事／労働契約の終了
〔下巻内容〕労働組合／団体交渉／争議行為／組合活動の権利と労働委員会／不当労働行為制度・不利益取扱い／団交拒否・支配介入／雇用均等・休業法など／非正規雇用労働者など／安全衛生法制／労働法（近刊予定）

労働省所蔵の制定資料を完全翻刻
- **労働基準法〔昭和22年〕(1)** 渡辺章 編集代表 本体価格43,689円（税別）
- **労働基準法〔昭和22年〕(2)** 渡辺章 編集代表 本体価格55,000円（税別）
- **労働基準法〔昭和22年〕(3)上** 渡辺章・土田道夫・中窪裕也・野川忍・野田進 編著 本体価格35,000円（税別）
- **労働基準法〔昭和22年〕(3)下** 渡辺章・土田道夫・中窪裕也・野川忍・野田進 編著 本体価格34,000円（税別）

世界的共通論題で編まれた最高水準の国際論文集
労働関係法の国際的潮流 山口浩一郎・渡辺章・菅野和夫・中嶋士元也 編、山川隆一・菅川孝三・小畑史子・荒木尚志・ブランパン、ワイス、トレウ、ビジアィ、ファールベック、ソン、ロジョ、ヘブル
A5変・上カ 530頁 本体価格15,000円（税別）

簡潔平明な叙述で実務家の判断資料として至便
労働時間の法理と実務 渡辺章・山川隆一 編・筑波大学労働判例研究会 著
A5変・上カ 328頁 本体価格7,500円（税別）

OB教官を含む21名の教官が執筆した力作集
現代企業法学の研究 吉原和志・庄司克宏・渡辺伸・棚橋尚良、五藤輝樹・青山善充、平山遠征・山村安徳、井上由里子・大野正道・春日偉知郎・石橋章二郎・依馬一郎・品川芳宜、弥永真生・平田智樹・平嶋竜太・前田重行・元永和彦・弥永真生・山川隆一
A5変・上カ 708頁 本体価格18,000円（税別）

労働法の最先端を展望する最高の論集
労働関係法の現代的展開 土田道夫・荒木尚志・小畑史子 編集代表、和田肇・大内伸哉・渡辺章・野田進・島内美幸・中嶋士元也・岩出誠・奥山明良・野川忍・山川隆一・中窪裕也・岩村正彦
A5変・上カ 412頁 本体価格10,000円（税別）

労働法・社会保障法・友愛編の多様な論稿
友愛と法 菅野和夫・中嶋士元也・渡辺章 編集代表、荒木尚志・岩村正彦・大内伸哉・大橋將・小畑史子・香川孝三・小島靖夫・小西國友・中島厚・野田進・濱田富士郎・福井淳

信山社

職場のいじめとパワハラ・リストラQA150

水谷 英夫 著　　ISBN978-4-7972-8564-2　定価：本体3,800円＋税

=== 会社でのいじめの対策にそのまま使える ===

営業のノルマが達成できないときに、「お前の存在が目障りだ。居るだけでみんなが迷惑している。」などと言われたら、どういう気持ちがするだろうか……①パワハラ・いじめ②派遣・期間工切り・リストラの2つのテーマを中心に、多数の具体事例と対策を掲載。法律を知らない方にも、基礎知識編やコラムをもうけ、分かりやすく構成した、信頼の執筆者による、信頼の書。

職場のセクハラ　使用者責任と法

小島 妙子 著　　ISBN978-4-7972-8549-9　定価：本体2,400円＋税

労働者の人間の尊厳と、使用者にはセクハラやいじめ・パワハラのない職場環境を整備し、「ディーセント・ワーク」が保障される職場を目指す責任がある。職場におけるセクハラについて、使用者責任を中心に論じ、使用者・労働者双方に必要な理論の展開と最新事例の検討を行ったセクシュアル・ハラスメント論の最先端。第一人者よる事業主・使用者から労働者まで必読の書。

ジェンダーと雇用の法

水谷 英夫 著　　ISBN978-4-7972-8555-0　定価：本体2,800円＋税

格差拡大による貧困が叫ばれ、雇用分野のジェンダー平等戦略の立ち遅れが顕著になっている。女性の雇用問題をとりまく環境の変化に伴う、ジェンダー問題・平等と雇用の関わり等々、目指すべき方向性を検討・研究する。

職場のいじめ　「パワハラ」と法

水谷 英夫 著　　ISBN4-7972-8535-4　定価：本体2,800円＋税

社会的な病理現象となった「いじめ」。深刻さを増す「職場のいじめ」の実態、背景と問題点を明らかにし、職場いじめに対するEU諸国等の先験的な対策を概観したうえで、法的諸問題の検討と対策を提示する。

信山社